O Amanhecer da Igreja

Dom Fernando Antônio Figueiredo

O Amanhecer da Igreja

LAROUSSE

Copyright © Dom Fernando Antônio Figueiredo, 2012
Copyright © Editora Lafonte Ltda., 2012

Todos os direitos reservados.
Nenhuma parte deste livro pode ser reproduzida sob quaisquer meios existentes sem autorização por escrito dos editores.

Edição brasileira

Diretor editorial *Pedro Almeida*
Coordenadora de produto *Daniella Tucci*
Coordenação editorial *Elaine Barros*
Capa *Osmane Garcia Filho*
Diagramação *Linea Editora Ltda.*

Dados Internacionais de Catalogação na Publicação (CIP)
(Câmara Brasileira do Livro, SP, Brasil)

Figueiredo, Fernando Antônio
  O amanhecer da Igreja / Fernando Antônio Figueiredo. — São Paulo : Lafonte, 2012.

  ISBN 978-85-8186-060-2

  1. Igreja - História - Igreja primitiva - Fontes 2. Padres da Igreja primitiva - História e crítica 3. Teologia dogmática - História - Igreja primitiva I. Título.

12-10438   CDD-270

Índice para catálogo sistemático:
  1. Patrologia : História da Igreja 270

1ª edição brasileira: 2012
Direitos de edição em língua portuguesa, para o Brasil,
adquiridos por Editora Lafonte Ltda.

Av. Profa. Ida Kolb, 551 – 3º andar – São Paulo – SP – CEP 02518-000
Tel.: 55 11 3855-2294 / Fax: 55 11 3855-2280
atendimento@editoralafonte.com.br • www.editoralafonte.com.br

Sumário

Apresentação 11
Prefácio 13
Introdução 15

I. Literatura Cristã Antenicena 19
1. Os primeiros escritos de um novo tempo 20
   a. Uma literatura cristã 20
   b. A Igreja nascente 22
   c. Momento eclesial privilegiado 22
2. Visão geral da literatura cristã até o ano 750 23
   a. Das origens ao Concílio de Niceia (ano 325) 24
   b. Após o Concílio de Niceia 25

II. A Igreja de Jerusalém 27
1. A dispersão 30
2. Extinção da nação judaica 30
3. Aspectos doutrinários 31
   a. Conteúdo do ensino 31
   b. Vida litúrgica 32

III. A Igreja de Antioquia 33

IV. A *Didaqué* 37
1. História de sua interpretação 38
   a. Período idílico 38
   b. Período de dúvida 38
   c. Período recente 39

2. Conteúdo 40
   a. Visão global do texto 40
3. Estrutura da Igreja local 42

V. As Perseguições no Primeiro Século 45

Parte I
LITERATURA DE EDIFICAÇÃO MÚTUA (96-125) 49

I. São Clemente de Roma 51
1. Autor e data da Carta aos Coríntios 52
   a. Tradição 52
   b. Legenda 52
   c. Datação 53
   d. Finalidade 53
2. Martírio de São Pedro e São Paulo 54
3. Doutrina 55
   a. Os exemplos dos antigos 55
   b. Uma única eleição 56
   c. Conceito de Igreja 56
   d. Composição da assembleia 57
   e. Distinção entre presbíteros e leigos 58

II. Santo Inácio de Antioquia 59
1. Morte sob o imperador Trajano 60
2. Obras 60
3. Tipologia do cristão 61
4. A expressão "Cristianismo" 61
5. Mística de identificação a Jesus Cristo 62
6. A figura do Bispo neste primeiro século 63
   a. A Igreja, mistério da unidade de Deus 64
   b. O bispo, sinal de unidade na caridade 64

Parte II
LITERATURA CRISTÃ E O MUNDO
GRECO-ROMANO (125-190) 67

I. O Século II 69
1. Aspecto histórico 70

2. As *Apologias*, resposta ao ataque dos judeus e pagãos 71
3. Inserção do cristão no mundo 72
   a. Carta da comunidade dos mártires de Viena e Lyon 72
   b. Carta a Diogneto 73

II. SÃO JUSTINO MÁRTIR 77
1. Traços biográficos 78
2. Obras 79
3. Temas apologéticos de Justino 79
   a. Diante dos pagãos 80
   b. Diante do mundo judaico 81
4. A transcendência de Deus 82
5. Teologia dos sinais da presença do Filho de Deus (*Lógos spermatikós*) 84
   a. A presença do Filho de Deus na criação 85
   b. O homem em sua relação com o Filho de Deus (Logos) 86

III. SANTO IRINEU DE LYON 97
1. Dados biográficos 98
2. Obras 99
3. Visão histórica e universal da salvação 99
4. Doutrina da recapitulação em Jesus 101
   a. O termo recapitulação 101
   b. A recapitulação histórica em Jesus 102
5. A pedagogia divina 105
   a. Teologia da imagem de Deus 106
   b. Ação do Espírito Santo 108
   c. A oferenda eucarística 108
   d. O ser humano 110
   e. Santo Irineu e o marcionismo 113

PARTE III
A DOUTRINA CRISTÃ NOS PRIMEIROS SÉCULOS 117

I. O SACERDÓCIO CRISTÃO 119
1. O sacerdócio israelita 120
2. Funções do sacerdócio israelita 121
3. Dados sobre o sacerdócio cristão 122
4. Observações conclusivas 125

II. A Sucessão dos Apóstolos 127
1. A sucessão nos Atos dos Apóstolos 128
2. Os Apóstolos desaparecem, a Igreja continua 129
3. Breve análise histórica 130
4. Os Bispos presidem a Eucaristia 131
5. Observações sobre a sucessão apostólica no primeiro século 133
6. A sucessão apostólica em Santo Irineu 134

III. Unidade e Diversidade 139
1. O Espírito Santo, princípio interior da unidade na diversidade 140
2. A unidade, característica essencial da Igreja 141
3. A pluralidade na unidade 143

IV. O Primado da Igreja de Roma 145
1. O ministério do Apóstolo São Pedro 147
2. Função eclesial de São Pedro 148
3. São Pedro em Roma 148
4. O ministério do Apóstolo São Paulo 149
5. São Paulo em Roma 150
6. Igreja de Roma, Igreja dos Apóstolos São Pedro e São Paulo 151

V. Dois Acontecimentos Ligados à Igreja de Roma 153
1. Relação entre as Igrejas de Roma e Corinto 154
   a. Intervenção fraterna 154
   b. Situação histórica de Corinto 155
2. A questão da celebração da Páscoa 155
   a. Motivos desta questão 155
   b. Protesto dos bispos asiáticos 156
   c. Resposta de Roma 156
   d. Os dois acontecimentos, no tempo do Papa Aniceto e do Papa Vitor, são idênticos? 157
   e. São Policarpo e sua importância para a Igreja primitiva 158

VI. A Autoridade na Igreja 159
1. Alguns dados bíblicos 160
2. A autoridade em São Clemente de Roma 161
3. A autoridade em Santo Inácio de Antioquia 162
4. A autoridade e o crescimento da comunidade 163

VII. O Ideal Cristão do Martírio 167
1. Martírio, libertação para Deus 168
2. Martírio e a vocação batismal 170
3. Cristo, o mártir por excelência 171

VIII. As Catacumbas 173
1. Origem das catacumbas 174
2. As catacumbas, lugar de refúgio dos cristãos perseguidos? 175
3. A Igreja familiar 175

IX. O Gnosticismo 177

X. Vida Pura, Piedosa e Justa e Sombras Que a Ameaçam 183
1. Fundamentos da vida cristã: o batismo e a recepção do Espírito Santo.. 184
2. Exigências do amor (ágape) divino 186
   a. O desrespeito à vida 187
   b. Contexto social e moral da época 188
3. Ideal de uma vida pura, piedosa e justa 190

XI. A Escatologia Nos Dois Primeiros Séculos 193
1. Esperança, semente de vida no coração humano 194
2. Ressurreição da pessoa toda 195
3. Santo Irineu e a teologia da "acostumação" 197
   a. A graça nos conduz à visão de Deus 198
   b. "Acostumação" à presença de Deus 199
   c. O juízo final 200
   d. O purgatório 201
4. Oração pelos falecidos e a purificação pós-morte 202

XII. Mariologia no Início da Vida da Igreja 205
1. A Virgem Maria e Eva no plano divino da salvação 206
2. Maria, Mãe de Deus 208
3. Maria, integralmente Virgem 211
4. Santidade de Maria, Mãe de Jesus e da Igreja 214
5. Considerações finais: Assunção e presença de Maria na piedade da Igreja 216

Autores citados e siglas 221

Apresentação

No desejo de ser um dia sacerdote, lancei um desafio a mim mesmo: ir às origens da fé cristã e conhecê-la sempre mais, recorrendo a testemunhas, aos antepassados, por assim dizer, do catolicismo. Quem melhor do que os primeiros escritores, os assim chamados Padres da Igreja, para me introduzirem na grandeza da Revelação divina vivida pelos primeiros cristãos? Fui assim atraído a conhecer sempre mais os escritos dos primeiros séculos, que testemunhavam a fé proclamada e vivida no período imediatamente seguinte aos autores bíblicos. Diante de mim se apresentava uma paisagem maravilhosa, uma herança literária de variedade inaudita. Era o período denominado pelos estudiosos como Era Patrística, em que os dados da Revelação eram professados e elaborados por pessoas de profunda e verdadeira fé em Jesus, pelo qual muitas chegaram a dar a sua própria vida como mártires.

Como conhecê-los? Sem dúvida, existiam, como existem diversos livros e estudos a este respeito. Mas queria encontrar alguém que os conhecesse de modo mais profundo e abrangente. Ao mesmo tempo a interrogação sobre o ser padre me estava sempre presente. Dizia para mim mesmo: na minha preparação para o sacerdócio terei estudos, que me darão oportunidade para conhecer e penetrar mais profundamente este tão rico período da vida da Igreja. Mas, mesmo assim, gostaria antes de ter uma visão geral e indicações precisas para um estudo pessoal dos Santos Padres.

Foi então que, num determinado encontro religioso, fiquei sabendo que estava chegando a São Paulo — melhor, à recém-criada Diocese de Santo Amaro — um bispo justamente especializado em Teologia dos primeiros séculos e que tinha sido professor por longos anos dessa matéria. Pensei então em entrar em contato com ele. Fui à sua casa, onde conheci a irmã de D. Fernando A. Figueiredo, assim como a ele, que me receberam muito cordialmente. Convidado, juntamente com dois outros jovens vocacionados, para acompanhá-lo no domingo seguinte através da Diocese, percorremos diversas paróquias aonde ele foi fazer visitas pastorais e administrar o sacramento da crisma.

Sob sua orientação, pude então ler diversas obras destes grandes escritores dos primeiros séculos, ficando sempre mais encantado pela fé em Cristo, pelo seu amor e seu carinho em conduzir a Igreja através dos tempos. Foi, portanto, com ardor e muito entusiasmo que li este livro e pude acompanhar, com respeito e amor, o pensamento e os testemunhos destes primeiros cristãos. Desejo espelhar-me sempre mais neles para ser um seguidor fiel de Jesus e, como eles, ser um anunciador, não só pela palavra, mas por minha vida, da mensagem evangélica, trazendo muitos à Igreja, levando-os a professar seu amor ao Senhor Jesus, que deu a vida por nós no madeiro da cruz.

Parabéns por esta obra, e que ela produza muitos frutos na graça e na bondade do Deus que é todo amor!

Pe. Marcelo M. Rossi

Prefácio

Durante anos, dediquei-me ao estudo dos primeiros séculos da vida da Igreja, a era Patrística, com início logo após os escritos do Novo Testamento e se estendendo até o sétimo século.

O presente volume quer ser a porta de entrada de um período rico de doação e de amor ao Senhor, vivido na fidelidade à mensagem evangélica. É o amanhecer da Igreja. Em seus horizontes, despontam as primeiras formulações doutrinárias e a sua face emerge, de modo incipiente, mas definido e determinante, em suas estruturas e funções. Graças ao Espírito Santo, ela vai assumindo uma feição histórica que marcará a Igreja subsequente.

A unidade é a característica essencial da Igreja. A comunhão interior, obra do Espírito Santo, adquire realidade concreta e histórica na pessoa do Apóstolo São Pedro, sinal visível de sua unidade. Ele é a rocha sobre a qual Jesus a edificou e que a mantém unida pelos séculos, através de seus sucessores. A função de Pedro consiste, segundo as palavras do próprio Senhor, em confirmar os irmãos na fé e na prática da fé, em estreita comunhão com os demais Apóstolos e seus sucessores, os bispos.

Nos primeiros anos, os cristãos se correspondem por meio de cartas, que traduzem seu amor e total doação ao Senhor e aos irmãos. Surgia, assim, a literatura de comunicação e de edificação mútua, como a *Carta* de São Clemente de Roma *aos Coríntios* e as *Cartas* de Santo Inácio de Antioquia. Algumas questões vitais, ligadas à organização da Igreja nascente, são abordadas por seus autores: o sacerdócio cristão, a sucessão dos Apóstolos, o Primado da Igreja de Roma e a autoridade na Igreja. Já em seus primeiros anos, a Igreja se vê diante de controvérsias e confrontações internas. A Igreja de Roma, por exemplo, defronta-se com a revolta interna na Igreja de Corinto e com a questão pascal na Igreja da Ásia Menor.

No século II, a Igreja é contestada pela sociedade civil contrária à doutrina e à vida moral e ética dos cristãos. Em sua defesa, erguem-se os Apologetas, como São Justino, Teófilo e outros. Os Imperadores e governadores de províncias não só acusam os cristãos, mas os perseguem. Muitos são conduzidos à morte, dando origem a uma literatura concernente aos mártires e propiciando a consolidação de uma espiritualidade do martírio, em que Cristo é considerado o mártir por excelência.

Os primeiros tratados de Doutrina cristã aparecem no final do II século e no início do século seguinte com São Irineu de Lyon, em sua obra Demonstração da Pregação dos Apóstolos. A fé cristã floresce na África e, ao longo do século III, alcança grande expressão com os Padres alexandrinos, Clemente e Orígenes, e os dois ardorosos defensores da fé, Tertuliano e São Cipriano, o "doutor" da unidade da Igreja. Sobre eles nos deteremos, de modo especial, no segundo volume intitulado: "A África cristã".

Paralelamente a essa rica literatura, medra entre os cristãos a erva daninha das heresias cristológicas. A resposta dada pelos Santos Padres culminará, a partir do século IV, nos Concílios Ecumênicos, que definirão as verdades de fé para toda a Igreja.

Os séculos IV e V serão designados "período áureo" da vida da Igreja, pois grandes luminares, tanto no Oriente, como no Ocidente, farão belíssimas e vastas exposições do pensamento cristão. São os grandes e fundamentais tratados da fé. A vida monacal se consolida e, nascida no Oriente, penetra o mundo Ocidental. No confronto com os problemas sociais da época, são traçadas as linhas mestras da Doutrina Social da Igreja.

No último período da era patrística, com a decadência do Império Romano, grandes missionários, entre os quais São Columbano e São Bonifácio, levam a Igreja ao mundo dos povos bárbaros.

Eis o amanhecer da Igreja. Em rápidas pinceladas apreciamos o seu despontar através dos primeiros séculos. Em nossa apresentação, manteremos o objetivo, por nós proposto, de destacar, de modo especial, o pensamento teológico, formulado e elaborado pelos primeiros cristãos, e as instituições eclesiais vividas e testemunhadas como expressão da vida cristã. Para melhor compreensão, não deixaremos de nos referir ao aspecto histórico vivido pelos cristãos e à vida dos autores mais significativos de cada época e suas obras.

Introdução

No início de nossa era, o Império Romano estendia-se da Gália, passando pela Ásia Menor, ao Oriente Médio, compreendendo todo o norte da África. Havia grandes cidades como Alexandria, no Egito; Antioquia, na Síria; Atenas, na Grécia; e Jerusalém, em Israel. Mas nenhuma se comparava com a grandeza e o esplendor de Roma, que contava com aproximadamente um milhão de habitantes nos primeiros anos do cristianismo.

Por toda parte, ao longo do Império, impõe-se a *pax romana* com seu estilo de vida, que, aliás, já se torna presente nos próprios países bárbaros, como escreve Tácito, referindo-se aos Bretões, que "pouco a pouco se deixaram seduzir pelos nossos vícios, pelo prazer dos pórticos, dos banhos e dos banquetes refinados; na inexperiência deles chamavam civilização o que contribuía para escravizá-los".

A religião oficial, em Roma como também na Grécia, estava tradicionalmente ligada à cidade ou ao estado. Porém, ela não mais era capaz de satisfazer as necessidades do povo, que não encontrava nela espaço para expressar suas inquietações pessoais. Cresce, então, um grande interesse pela astrologia, presente nas classes aristocráticas e entre o povo simples. A religião distancia-se do sentimento religioso da grande massa, que irá buscar outros canais para manifestá-lo e realizá-lo.

A religião tradicional do Império Romano estava em crise. Santo Agostinho nos reporta um testemunho do século I em que se exprime o temor de que "os deuses pereçam não por um ataque externo, mas pela indiferença dos cidadãos" (*De Civ. Dei* 5, 2). Por outro lado, correntes filosóficas, como o epicurismo, o estoicismo e o neopitagorismo, insistem sobre a superação da religião dos antepassados.

A crise atinge o culto oficial. Difunde-se, então, uma tendência a um culto interiorizado, excluindo os sinais exteriores, considerados inúteis, evitando-se as expressões mais populares e gerais. Uma inscrição do ano 100, encontrada em Filadélfia na Lídia, atesta e regulamenta a práxis de um grupo que se encontrava normalmente na casa de um certo Dionísio para aí celebrar um culto privado. Não poucos são os testemunhos contra os ritos e ensinamentos religiosos oficiais. Multiplicam-se os cultos mistéricos, que oferecem a certeza de uma proteção especial da divindade sobre o indivíduo. Elas se declaram religiões de salvação.

Sua soteriologia exprimia-se por ritos e manifestações exteriores, com aspersões, banhos, muito mais que por ensinamentos teológicos.

Em meio a esse clima, as religiões orientais, como grandes vagas, espalham-se por todo o Império. Se elas apresentam uma liturgia psicossomática capaz de corresponder às necessidades dos fiéis, não deixam também de proclamar um deus próximo, deus que salva e lhes oferece a sobrevivência eterna. Nesse mundo, o cristianismo, vindo do Oriente, mais precisamente de Israel, lança suas raízes e se desenvolve sobremaneira.

No entanto, ele não é a simples síntese ou o resultado de fatores ou conexões históricas da antiguidade, nem é a vitória de uma corrente religiosa em relação às demais. Não é uma verdade a ser demonstrada. Há nele uma originalidade inegável. Ele é um dom de Deus que exige conversão e uma decisão pessoal, não se reduzindo a um conceito ou a um conjunto de verdades intelectuais. O seguimento de Jesus postula transformação de vida, e quem nele crê se torna, pelo batismo, nova criatura em Deus.

I

Literatura Cristã Antenicena

Os DOIS PRIMEIROS SÉCULOS retratam um momento privilegiado da literatura cristã: suas origens e seu primeiro desabrochar. Por ser a teologia seu ponto de vista predominante, pode-se afirmar que ela é uma literatura cristã aberta a uma teologia patrística. O termo "Patrologia" compõe-se de duas palavras gregas, *patér* (pai) e *lógos* (ensinamento, ciência ou discurso), que nos permitem compreendê-lo como "o ensinamento dos Padres da Igreja". No judaísmo e na Bíblia, os pais são os antepassados, transmissores da vida e, sobretudo, depositários das promessas de Deus. Na Igreja nascente, os Padres são igualmente as testemunhas da nova vida, ao anunciar e interpretar a pregação e a missão de Jesus. Na comunidade, eles desempenham o papel de educadores e mestres, sendo considerados os guias espirituais da fé em Cristo. Por isso a Igreja primitiva, até o século IV, reservou este título exclusivamente para os bispos, estendendo-o, a partir do século V, aos presbíteros, como atesta São Jerônimo.

Para melhor compreender este período, destacaria alguns elementos e características desta fase da vida da Igreja.

1. Os primeiros escritos de um novo tempo

Jesus pregou a sua mensagem e anunciou o Reino de Deus só oralmente, e a primeira comunidade cristã não sentiu, imediatamente, necessidade de fixar tudo por escrito. Sem dúvida, por estarem ainda presentes as testemunhas oculares, que haviam seguido o Mestre e o tinham escutado. Mas, pouco a pouco, nasceu a necessidade de se colocarem por escrito as "memórias" do Senhor. Surge então uma literatura dita cristã, que se desenvolve em função das exigências da comunidade e que tem por objetivo alimentar a sua fé.

a. *Uma literatura cristã*

A Igreja Católica tem suas raízes em Cristo, cujos ensinamentos nos foram transmitidos pelos escritos do Novo Testamento. Sua autenticidade, graças aos

Padres da Igreja, é reconhecida justamente pela Tradição. Nos primeiros anos, não se sentia a necessidade de se escrever e elaborar uma literatura cristã. De fato, a existência de uma literatura cristã não é essencial à fé. Aliás, ela nasceu de uma palavra, de um testemunho, de um ensinamento dado à viva voz. Porém, a partir dos ensinamentos apostólicos e para apoiar a proclamação do Evangelho foram surgindo escritos, redigidos por discípulos dos Apóstolos e por outros cristãos, em épocas posteriores, mas sem o desejo de se fazer propriamente uma obra de literatura.

Três ocasiões propiciam o aparecimento de tais escritos:

- A necessidade de comunicação entre as Igrejas, com uma intenção particularmente exortativa e catequética. Além das viagens e visitas a outras comunidades, escreve-se com o objetivo de se comunicar. O estilo das cartas é análogo ao das epístolas católicas, contendo abundantes citações e comentários da Sagrada Escritura. Elas registrarão muitos dados e preciosos elementos da vida cristã. Entre os escritos dos séculos I e II, são célebres os de São Clemente de Roma, Santo Inácio de Antioquia, *Didaqué*, *Epístola a Barnabé*, *Epístola a Diogneto* e o *Pastor de Hermas*.
- A necessidade de testemunhar, diante das autoridades pagãs, sua fé em Cristo. São as atas dos mártires com vigorosos e belíssimos testemunhos dos primeiros cristãos. Muitas delas foram preservadas e chegaram até nós, permitindo-nos tomar conhecimento de numerosos processos verbais redigidos, pela justiça civil, por ocasião do comparecimento dos cristãos diante dos magistrados romanos.
- A necessidade de responder às acusações das autoridades e dos intelectuais pagãos e rebater as teses dos escritores gnósticos, como Basílides, Valentim, Ptolomeu e Heracleon. Apresentam-se, então, no século II, entre outros, os Apologetas Aristides de Atenas, São Justino, Taciano e Teófilo de Antioquia.

No século III, já com Santo Irineu, começam a surgir estudos sistemáticos de aprofundamento dos dados da revelação e que irão marcar profundamente duas principais escolas, a de Alexandria com Clemente de Alexandria († 215) e, principalmente, Orígenes († 254) e a escola de Antioquia representada, principalmente, por Luciano de Antioquia († 312), Diodoro de Tarso (384), São João Crisóstomo († 407), Teodoro de Mopsuéstia (428) e Teodoreto de Ciro (460).

Após o Concílio de Niceia, no ano 325, primeiro Concílio Ecumênico, passa-se da necessidade de escrever à vontade de fazer uma obra literária. Reconhecem-se aos escritos suas leis próprias: não se trata mais de um discurso, transcrito mais ou menos, ou de uma palavra assumida num escrito, mas de uma obra literária. Dois expoentes se notabilizam: São Jerônimo na obra *De viris illustribus* e Santo Agostinho em suas *Confissões*. Período de grande efervescência intelectual, tanto no Oriente como no Ocidente.

No Oriente, com os escritos de Santo Atanásio († 373), em sua defesa do dogma cristológico; São Basílio Magno († 379), São Gregório de Nazianzo († 390) e São Gregório de Nissa († 395), que nos conduzem ao I Concílio Ecumênico de Constantinopla. Posteriormente, com os escritos de São Cirilo de Alexandria († 444) e, finalmente, com os de São João Damasceno († 749).

No Ocidente, após Tertuliano († 202), ao norte da África, que escreveu sobre as principais instituições da Igreja, refulge em Cartago o grande São Cipriano († 258), paladino da unidade da Igreja, e na Itália Santo Ambrósio de Milão († 397), São Jerônimo († 420), mais tarde eremita e Santo Agostinho († 430), também ao norte da África em Hipona, e o papa São Leão Magno († 461), que orientará, com sua *Epístola a Flaviano*, o Concílio Ecumênico de Calcedônia (ano 451).

Nos séculos V e VI, a ameaça das invasões bárbaras é uma realidade para o Império Romano, o que suscitará grandes missionários como São Columbano († 550-561) e, mais tarde, São Bonifácio († 754), o grande Apóstolo dos germanos. A vida monacal desenvolve-se e cria profundas e duradouras raízes. No mesmo período, destaca-se, no fortalecimento interno da Igreja, o papa São Gregório Magno († 604) e, já no final do período patrístico, Santo Isidoro de Sevilha († 636) e São Beda, o Venerável, († 735), que abrem as portas para a Idade Média.

b) *A Igreja nascente*

A literatura cristã dos primeiros séculos não coincide evidentemente com a Sagrada Escritura, da qual se distingue, pois a esta se ligam a inspiração divina e a canonicidade. Mas tal literatura não deixa de ser valiosa como testemunho essencial da Tradição. Ela reflete um método teológico luminoso e seguro, numa referência constante à Sagrada Escritura e, como parte da Tradição, não deixa de apresentar a originalidade cristã diante da cultura da época.

Destacam-se dois aspectos: a ortodoxia da doutrina e a autoridade eclesiástica daqueles que a redigiram. Se no Novo Testamento a doutrina é considerada, em boa parte, sob o aspecto escatológico, os escritores dos três primeiros séculos focalizam-na sob o aspecto doxológico, no louvor a Deus. Depois do Concílio de Niceia, no ano 325, os escritores cristãos não se contentam apenas com a perspectiva escatológica ou doxológica, mas irão elaborar verdadeiros tratados de teologia. O louvor a Deus torna-se teologia, de modo que não se trata só de dar glória ao Pai pelo Filho no Espírito Santo, mas de elaborar o dogma cristológico e trinitário.

c) *Momento eclesial privilegiado*

Ao se falar da literatura cristã dos primeiros séculos, poder-se-ia questionar o valor das fontes ou ainda das origens do cristianismo. Temos consciência de que tal valor se funda, primeiramente, em sua proximidade do fato da Encarnação do Filho de Deus, da vida e da missão de Jesus e do testemunho dos Apóstolos. Junto aos Santos Padres, prospera o testemunho de uma doutrina e de uma vida, que não foram ainda submetidas a grandes transformações. Na reflexão teológica, não se pode desconhecer, jamais, a experiência fundamental vivida pelos primeiros cristãos.

Falando-se de fontes ou de se retornar às fontes, como realidade importante na vida cristã, não se quer negar o progresso ou a evolução no pensamento teológico. Ir às fontes não é simplesmente fazer reviver a Igreja primitiva, tal como ela era. Isso seria incompreensível. Ela não deixa de ser um momento, embora singular e perenemente válido, da Igreja. Ir às fontes não é um processo cronológico. É deixar-se invadir pela força inspiradora desse período da vida cristã e que continua, ainda hoje, presente em nós, conduzindo-nos a viver e a testemunhar o Evangelho. Por isso mesmo, essa vida da Igreja, considerada na unanimidade dos Padres ao interpretar a Sagrada Escritura, é infalível no campo moral e é regra de fé ao explicitar uma doutrina de fé. Ela é reconhecida como doutrina católica.

No que concerne ao término da literatura cristã denominada Patrística, deve-se confessar a dificuldade em determiná-lo. De fato, com a Idade Média, melhor, com a Escolástica aparece uma realidade diversa, que irá caracterizar o aparecimento de uma nova etapa da vida da Igreja. Normalmente, situa-se o término da era Patrística com a morte de dois Santos Padres: para o Ocidente, Santo Isidoro de Sevilha († 636), e, para o Oriente, São João Damasceno († 750), pelo fato notável de terem elaborado uma síntese do pensamento teológico precedente.

2. Visão geral da literatura cristã até o ano 750

De modo global, os primeiros séculos da Igreja podem ser considerados sob o aspecto teológico e o histórico-político.

No aspecto teológico, nota-se certa diferença teológica entre o Ocidente e o Oriente. Por razões históricas, Roma e as Igrejas imediatamente unidas a ela (Gália, Espanha, África do Norte) se desenvolvem, em relação às Igrejas do Oriente, numa relativa independência, refletida nas diferentes profissões de fé, nos ritos das celebrações litúrgicas e, mesmo, nas formulações doutrinárias.

Com efeito, os teólogos orientais mostram-se mais audaciosos e inclinados à especulação, enquanto os latinos se dedicam mais à simples exposição da Regra de Fé. Estes refletem certa hostilidade para com a filosofia e tendem a limitar a teologia à apresentação das doutrinas contidas na Sagrada Escritura; aprovam os "simples crentes" que se contentam com a Regra de Fé e, ao fazer a distinção entre a razão e a fé, estabelecem a superioridade incontestável desta sobre a razão.

Os orientais, da sua parte, acentuam mais o aspecto do mistério, buscando, a partir da Escritura e da Tradição, a significação mais profunda do Mistério de Deus, de seu universo e de seu desígnio de salvação. Primam pela dimensão mística, pois a própria teologia deve conduzir, normalmente, à contemplação e ao êxtase. Daí o fato de os orientais distinguirem os cristãos em "simples crentes", com tendência a desprezá-los, e em "espirituais", ou "gnósticos", ou "perfeitos", que seriam tidos como privilegiados.

O aspecto histórico-político é marcado, de modo especial, pela reconciliação da Igreja com o Império Romano, realizada por Constantino (306-337), cujo símbolo mais significativo será o Concílio de Niceia (ano 325). Até Constantino, a Igreja sofreu diversas perseguições e foi impelida a adaptar-se ao meio ambiente. Ao mesmo tempo, diante das heresias, como, por exemplo, o gnosticismo e posteriormente o arianismo, ela teve de se defender, aprofundando sua reflexão teológico-doutrinária. A situação transforma-se a partir de Constantino Magno. A Igreja começa a gozar dos favores do Estado e vai substituindo, pouco a pouco, a religião oficial, o que se dá definitivamente com Teodósio I. Cresce sempre mais a convicção de que as coisas de César, ainda que distintas das de Deus, não são separadas; pelo contrário, unidas de tal modo que as primeiras sejam subordinadas às segundas.

A imagem que se tem do imperador vai também se transformando. Ele se torna representante de Cristo, encarregado de conduzir a humanidade a Deus e preocupado em zelar pela aplicação das decisões dos bispos. Isto obriga o cristianismo a exercer uma função específica até então praticada pela religião pagã, ou seja, a de unificação e consolidação do próprio Império. Porém, ela deveria, antes de tudo, resolver alguns problemas internos:

- O conflito existente no seu próprio interior, esforçando-se para chegar à formulação de uma autêntica Regra de Fé, igualmente adotada por todas as Igrejas.
- Provar que ela era capaz de atrair uma grande e importante porcentagem da população pagã, mesmo dentre aqueles que a ela se opunham.

Inicia-se, assim, uma era de vivas controvérsias, em que os bispos e os concílios se tornam instrumentos reconhecidos na definição do dogma. A teologia cristã amplia-se e as definições de fé são elaboradas num clima, por vezes, de tensão e de acirradas discussões.

Para melhor visualizar este período tão importante da vida da Igreja, pode-se traçar o seguinte quadro:

a) *Das origens ao Concílio de Niceia (325)*

Nesses dois primeiros séculos da Igreja distinguimos três períodos. Antes do ano 125, não incluindo os livros canônicos do Novo Testamento, a literatura cristã floresce, sobretudo, no interior da própria Igreja. Os autores, pouco numerosos, visam à edificação e à instrução recíproca. A força do amor *(ágape)* se expressa no interior da comunidade, refletindo, de modo genuíno e espontâneo, a originalidade da vida eclesial, pois redigida pelos discípulos dos Apóstolos ou autores imediatamente posteriores à época apostólica. Eles mantêm uma relação muito íntima com os escritos do Novo Testamento e nos transmitem as estruturas comunitárias, expressões, teologia e orientações dadas pelos primeiros cristãos.

A partir do ano 125, verifica-se uma transformação e uma expansão mais considerável da Igreja. Ao mesmo tempo, aparecem algumas "seitas" e, particularmente, ataques dirigidos por judeus e pagãos e a correspondente resposta cristã. Surgem, então, as apologias cristãs e as primeiras elaborações teológicas. Dá-se a abertura "ad extra" da literatura cristã e, nos últimos anos do século II, por volta de 190, uma plêiade de grandes espíritos levará esse esforço ao máximo.

Em síntese, pode-se resumir todo este período da seguinte forma:

- Uma literatura de edificação mútua (96-125) com os Padres Apostólicos, como São Clemente de Roma, Santo Inácio de Antioquia e São Policarpo. Os escritos apócrifos, como o *Evangelho dos Hebreus*; *Evangelho de Tomé*. Finalmente as *Atas dos mártires*, como dos mártires de Lyon e de Viena.
- Uma literatura cristã voltada para o mundo greco-romano (125-190), com os Apologistas gregos, como São Justino mártir. Resposta da Igreja às heresias da época, o montanismo e o gnosticismo, destacando-se, sobretudo, Santo Irineu de Lyon.
- O pleno desabrochar da literatura cristã antenicena (190-325), com os escritores africanos, Clemente e Orígenes, em Alexandria, Tertuliano e São Cipriano, em Cartago.

b) *Após o Concílio de Niceia*

Na segunda parte da época Patrística, sucede a grande "mudança constantiniana", em que a Igreja se situa sempre mais no interior do Império Romano e deixa-se penetrar, cada vez mais, pela cultura dominante. Dois períodos a caracterizarão:

- Do Concílio de Niceia até a morte de Santo Agostinho (325-430)

Período também denominado de época áurea da Patrística, no qual se evidenciam, principalmente, quatro notas:
a) Passa-se da necessidade de escrever à vontade de fazer literatura.
b) Iniciam-se as grandes elaborações teológicas.

c) Os cristãos tomam, mais claramente, consciência de sua história e de que possuem uma Tradição. Torna-se viva a presença do passado da Igreja em suas decisões e empreendimentos.
d) Período conhecido pelas discussões trinitárias e, portanto, pelas controvérsias cristológicas.

- Os últimos séculos da era Patrística e seus grandes missionários (430-750)

Período em que ocorrem as invasões dos bárbaros e o florescimento da vida monacal. No campo teológico verificam-se:
a) As grandes controvérsias sobre a cristologia e a rica exposição doutrinária do mistério da graça.
b) O desaparecimento do mundo antigo, diante da presença bárbara e da queda do Império Romano.
c) O surgimento dos grandes missionários do novo mundo dominado pelos bárbaros.

II

A Igreja de Jerusalém

Na Palestina, no tempo de Cristo, encontramos diversas correntes religiosas: os saduceus, os fariseus, os zelotas, os essênios e os batistas. Fora da Palestina, na Diáspora, os judeus já tinham entrado em contato com o mundo greco-romano, como se pode constatar no grande esforço religioso-filosófico de Fílon de Alexandria.

O cristianismo sofrerá influência do mundo religioso judaico, tanto em sua liturgia como na organização sacerdotal e mais ainda em seu corpo doutrinário. Até Pentecostes, os cristãos formavam um grupo não muito numeroso (± 100 pessoas), provindo da Galileia, que continuava a observar fielmente as prescrições judaicas. É verdade que alguns elementos essenciais do culto foram acrescentados, celebrando-se na manhã seguinte ao dia do sábado, por exemplo, o dia da Ressurreição do Senhor. A liturgia chega a ter até uma coloração sinagogal, que, no entanto, dilui-se com a celebração da Eucaristia, centro e ápice de toda a ação litúrgica, que atualiza a Ceia, refeição ritual tomada por Jesus com seus discípulos, na quinta-feira santa.

Porém, o que distingue o grupo cristão dos demais, além da celebração eucarística, é também a fé no Messias, que veio na pessoa de Jesus. Ele é o esperado, desejado e anunciado pelos profetas, o Messias salvador.

Para uma justa avaliação da influência judaica, deve-se levar em conta tanto o judaísmo palestinense como o judaísmo da Diáspora, particularmente, em sua forma helenizada de Alexandria. Mas será somente na metade do segundo século que o helenismo, cultura predominante no Império Romano, vai começar a se impor. Até então a teologia cristã se elaborava, mormente, no quadro do pensamento judeu. É o que denominamos de "teologia judeu-cristã" ou o "judeu-cristianismo".

Por outro lado, não se pode perder de vista que a Igreja, desde seus inícios, dirigia também sua pregação aos não judeus. Encontram-se, assim, no Novo Testamento duas formas de catequese: *"ad Hebraeos"* e *"ad Gentiles"*. Consolida-se a existência das duas comunidades, a Igreja dos gentios e a Igreja da circuncisão.*
O estudo desta foi posteriormente negligenciado, embora ela tenha coexistido com a primeira por diversos séculos. Aliás, em Roma, na igreja de Santa Sabina,

---

* BAGATTI, B. *A Igreja da Circuncisão*, Petrópolis, 1975.

podemos contemplar um belíssimo mosaico do tempo do Papa Celestino (422-432) apresentando duas figuras femininas. Cada uma delas traz um livro em suas mãos e embaixo uma inscrição: *ecclesia ex circumcisione* (Igreja da circuncisão) e *ecclesia ex gentibus* (Igreja dos gentios). Acima das figuras, estão representados os dois Apóstolos, São Pedro e São Paulo.*

Entre as igrejas da circuncisão encontramos a de Jerusalém, que já em seus inícios devia possuir um grande número de fiéis (cf. At 21,20; 1Cor 15,6). Logo em seus primeiros anos, volta-se contra ela a animosidade que os judeus nutriam em relação a Jesus. No intuito de destruí-la, eles irão visar principalmente os chefes da Igreja (cf. At 4,1.17s). A oposição crescia à medida que a Igreja se desenvolvia, pois, no começo, enquanto os cristãos não tinham ainda colocado em questão os fundamentos essenciais da lei mosaica e observavam as suas prescrições, o relacionamento era relativamente bom. Com Estêvão (± 35) deu-se o confronto. Mostrando-se crítico, ele reprovava publicamente os judeus, contrariando o modo como consideravam o Templo de Jerusalém e o culto sacrifical. Declarado herege, ele foi apedrejado (At 7,58). De fato, os judeus se viram na impossibilidade de resistir à sua argumentação e, não se contentando em martirizá-lo, expulsaram seus companheiros, de língua grega, de Jerusalém. Eles serão os primeiros missionários, que anunciarão o Evangelho na Samaria, Fenícia, Chipre e Antioquia.

Após esses atos isolados, a perseguição é intensificada. À frente estará Saulo, desejoso, tanto quanto os líderes judeus, de estender a perseguição para além de Jerusalém e assim extinguir de vez o germe da heresia (At 9,1). Mas justamente quando estava indo para Antioquia, ele tem a visão do Senhor e se converte ao Cristianismo, o que obrigará os judeus a mudarem de método, embora o ímpeto da perseguição não diminua.

Em 44, Herodes procura destruir os chefes da Igreja. Depois de prender Tiago, que foi decapitado, vendo que os judeus tinham se alegrado com isto, manda procurar Pedro para matá-lo (At 12,3). Os mesmos esforços serão dirigidos contra a pessoa de Paulo. A libertação miraculosa de São Pedro pelo anjo e a morte de Herodes impedem que o plano seja implantado. Os judeus, no entanto, não o abandonam completamente. Em 62, o Sumo Sacerdote Ananias Júnior, aproveitando a morte do governador Festus, antes que Albino, seu sucessor, chegasse, ordena que Tiago, o irmão do Senhor, seja levado a julgamento. Apesar de gozar de grande respeito por parte dos fiéis e mesmo dos que não eram cristãos, Tiago foi condenado como herege e jogado do pináculo do Templo.

Durante a guerra do ano 70, em que surge um movimento contrário à dominação romana, não se encontra, entre os judeus mencionados, o nome de um

---

* Idem, *The Church from the Gentiles in Palestine*. Jerusalém, 1971. As duas obras citadas encontram-se traduzidas em diversas línguas.

cristão ou de uma comunidade cristã. Tudo indica que eles tenham permanecido afastados da guerra, por força de sua nova fé. Já em seu discurso-programa, Jesus tinha dito: "Bem-aventurados os pacíficos, porque serão chamados filhos de Deus" (Mt 5,9). Certamente, os fiéis, ainda que não se tivessem envolvido, foram atingidos de alguma forma pela guerra.

1. A Dispersão

Por volta do ano 43, a perseguição contra os cristãos, movida por Herodes Agripa, levará os Apóstolos a se dispersarem. A Igreja de Jerusalém, tendo à frente São Tiago, "o irmão do Senhor", subsistirá até a destruição da cidade, aliás, predita por Jesus.

A difusão do cristianismo levantou entre os historiadores diversas questões: Será que foi simplesmente pela pressão da perseguição que os Doze deixaram sua terra natal? Teriam eles partido a contragosto ou foram espontaneamente no desejo de corresponder à missão que lhes fora outorgada por Cristo, de fazer discípulos seus todos os povos e toda gente de todas as nações? Será que a conversão de Cornélio não lhes tinha parecido uma manifestação divina, impulsionando-os para tal iniciativa?

Estudiosos sustentam as duas teses. Os Atos dos Apóstolos não mencionam expressamente que a dispersão dos Apóstolos é devida à perseguição. Mesmo supondo que a partida de Jerusalém tenha sido provocada pela perseguição de Herodes Agripa, os Doze extraem deste fato uma indicação providencial. A dispersão, ao menos *post factum*, foi querida por eles. Nunca no futuro os Doze tentarão se reagrupar em Jerusalém ou em qualquer outra cidade.

Nesta ocasião, muitos cristãos se dirigem para o norte, para a cidade de Pela na Decápole, habitada por pagãos, que lhes oferecia um lugar bastante tranquilo. A moeda cunhada por seus habitantes, segundo modelo da de Cesareia, com a inscrição *"Judaea capta"*, era provavelmente uma recordação da chegada dos judeus cristãos.

2. Extinção da nação judaica

Em 135 a segunda guerra judaica liderada por Bar-Kochba termina com a extinção da nação judaica. A cidade de Jerusalém, destruída pelo exército romano, ergue-se das cinzas, toda transformada. Adriano, imperador romano, a reconstrói sob o modelo greco-romano e, diante da expulsão dos judeus, os novos residentes são de origem pagã.

Perante tal mudança estabelece-se em Jerusalém uma comunidade cristã, oriunda do meio gentílico. Escreve o grande historiador Eusébio de Cesareia: "A Igreja de Jerusalém, a primeira formada da circuncisão, foi integrada por gentios cristãos; e o primeiro bispo foi Marcos, de origem gentílica" (H.E. 12, 1-2). Lendo Eusébio tem-se a impressão de que os judeu-cristãos teriam deixado a cidade. Contudo, a realidade parece ser outra: no final do século II, a *Pseudoclementina* (PG 2, col. 31.56) atesta a presença de judeu-cristãos em Jerusalém. Tudo indica que, tendo deixado a cidade por certo tempo, eles para lá retornaram, o mais breve possível. Com efeito, meio século após a guerra de Adriano, verifica-se na comunidade uma disputa entre a hierarquia helênica e os fiéis judeu-cristãos, especialmente sob o bispo Narcissus e seu sucessor Alexandre.

No século IV, temos testemunhos de judeu-cristãos instalados em Sião, onde se encontra o cenáculo, núcleo primitivo da Igreja, e os bispos dos gentios instalados no Santo Sepulcro. São Jerônimo fala de uns e de outros, distinguindo-os como se fossem duas comunidades coexistentes numa cidade. O mesmo é retratado, em duas cartas, por São Gregório de Nissa a um peregrino que vai à Palestina no ano 381. Ele enumera como lugares santos Belém, o Santo Sepulcro, o Calvário e o monte das Oliveiras, onde o imperador Constantino edificou basílicas. Ele exclui, justamente, o monte Sião. Ainda em sua narrativa, São Gregório descreve a pobre impressão demonstrada pelos cristãos da Cidade Santa, cuja comunidade encontra-se dividida.

3. Aspectos doutrinários

Uma prática religiosa bastante intensa, com raízes na vida cristã de seus primeiros anos, está presente na Igreja de Jerusalém e em muitas outras igrejas da Judeia. São Jerônimo nos conta que, aos funerais de Santa Paula, afluíram a Belém os monges de todas as partes da Palestina, alternando-se na recitação de salmos em grego, latim e siríaco. Além do aspecto litúrgico, destaca-se também um modo próprio de elaborar e apresentar o pensamento teológico.

a) *Conteúdo do ensino*

Na Igreja de Jerusalém e por onde ela se estendeu, embora haja uma fé viva na divindade de Cristo, afirma-se especialmente a sua humanidade gerada pela Virgem Maria da estirpe de Davi. Isto se faz por força da ênfase colocada na descendência humana de Jesus, pois era justamente dentre os parentes de Jesus que foram normalmente designados os primeiros bispos de Jerusalém e de outras cidades da Palestina.

Ela se atém fortemente ao nomismo do Antigo Testamento, isto é, à Lei, frisando a observância do sábado, a abstinência de certos alimentos, a circuncisão e, particularmente, o cumprimento rigoroso da lei mosaica. A doutrina permanece ortodoxa, ainda que arcaica em muitas de suas fórmulas, como se pode imaginar pelo fato de conservar o Antigo Testamento como fonte principal da reflexão teológica.

Mais tarde, em contraste com a teologia helênica de Alexandria e para defender a integridade da natureza humana de Cristo, os bispos siríacos preferem chamar a Virgem de *Christotókos*, título que no início não suprimia a divindade de Cristo. A definição de Maria como *Theotókos*, mãe de Deus, e não simplesmente mãe de Cristo, será declarada no Concílio Ecumênico de Éfeso (431). Por outro lado, não se pode esquecer que os judeu-cristãos conservavam uma terminologia bastante arcaica, cujo significado já não era bem compreendido e podia ser mal interpretado.

b) *Vida litúrgica*

Os judeu-cristãos praticavam uma dupla liturgia, continuavam a frequentar o Templo, aonde iam para suas preces, e reuniam-se em lugares outros para a celebração da Ceia Eucarística. Ela se realizava no Cenáculo, também em casas particulares. Destacavam-se a prece litúrgica e a leitura do Antigo Testamento. Conservavam certos costumes como o da Celebração Pascal, em que despediam os fiéis somente após a meia-noite.

É interessante notar que até hoje se conservam diversos restos arqueológicos que retratam, por exemplo, como em Nazaré, em grutas e edifícios de culto, a Anunciação à Virgem Maria e a devoção a São José. Algumas inscrições samaritanas gravadas sobre mármore, no monte Nebo, falam do "poder de intercessão" e que "a vida continua depois da morte".

Preserva-se o fragmento de um hino usado na liturgia judeu-cristã por ocasião da celebração da Eucaristia em que se diz: "Bendito és tu, ó Senhor, Rei do universo, que criaste todas as coisas, repartindo os alimentos, escolhendo a bebida para todos os filhos da carne, para que sejam satisfeitos; mas também a nós, criaturas humanas, foi concedido participar do alimento dos milhares de seres angélicos. Por isto devemos bendizer-te com cantos nas reuniões do povo". Belíssimos também são os textos que testemunham a grande veneração das comunidades judeu-cristãs por Maria. Contemplam-na no interior da obra Redentora do Filho Jesus. Os escritos: *Transitus Mariae, Dormitio Mariae* e os *Evangelhos Apócrifos* referem-se a Maria como "o Anjo puro" ou, segundo outros códices, como "a Virgem pura".

III

A Igreja de Antioquia

No ano 36-37, por força da perseguição movida contra os cristãos em Jerusalém, alguns dentre eles, pertencentes ao ambiente helenístico, tomaram a iniciativa de evangelizar os pagãos sem exigir deles, como condição prévia ao batismo, a circuncisão. Muitos se converteram, dando origem à comunidade cristã de Antioquia (At 11,19-21), capital da Síria, terceira cidade do Império Romano. Aí, pela primeira vez, os seguidores de Cristo são denominados de "cristãos" *(christianoi)*, partidários de *Christós*, uma vez que abraçavam a fé cristã. Surgiram também os primeiros problemas concretos nascidos da relação entre os cristãos não judeus e o judaísmo.

Ao tomar conhecimento dessas dificuldades, a Igreja de Jerusalém envia Barnabé para verificar, mais exatamente, o que se passava. Poder-se-ia considerá-lo como um "delegado apostólico", enviado pelos Doze para encorajar e dirigir a missão antioquena, e colocá-la, no bom sentido, sob a orientação e supervisão da Igreja de Jerusalém. A Igreja de Antioquia, por força da conversão dos pagãos ao cristianismo, torna-se logo bastante numerosa. Entretanto, a posição de Barnabé na comunidade não pode ser considerada como a de um bispo.

Por força das circunstâncias, irrompe uma discussão entre os Apóstolos Pedro e Paulo a respeito da circuncisão dos pagãos. A decisão formal é dada pela Igreja reunida em Jerusalém: os pagãos não tinham necessidade de ser circuncidados antes de receber o batismo. Porém, com a iniciativa de Barnabé de ir a Tarso ao encontro de Paulo, qual seria a situação da comunidade de Antioquia? Ficaria ela em dependência da comunidade de Jerusalém? Tal hipótese não parece ser confirmada por nenhum documento, pois tudo indica que ela tenha uma vida própria. Isto muito embora ela conserve uma grande ligação com a Igreja de Jerusalém, que exerce sobre ela forte influência. Em caso de dificuldades, há ainda a presença dos Apóstolos e a intervenção deles.

O mais provável é que se tenha instituído, imediatamente, quando da organização da Igreja em Antioquia, um colégio de presbíteros, a exemplo das outras comunidades cristãs. Deles era exigido, segundo São Paulo, um conjunto de virtudes naturais e que fossem antes de tudo unidos ao Senhor, movidos pelo Espírito que infunde "não um espírito de timidez, mas de fortaleza, de amor e de sabedoria" (2Tm 1,7).

Segundo a Epístola aos Gálatas, o Apóstolo São Pedro reside temporariamente em Antioquia, sem que tenha sido inserido na hierarquia local, de modo a ser considerado bispo de Antioquia. A Tradição, atestada por Orígenes, indica que São Pedro pregou o Evangelho aos membros da Diáspora judaica do Ponto, Galácia, Capadócia, Ásia e Bitínia. Sua atividade evangelizadora o leva a Roma, onde é martirizado.

Nesta primeira fase da Igreja, apontamos para o perigo de se procurar na Igreja, ainda em estado de missão, uma estrutura jurídica muito precisa. A Igreja de Antioquia continuou, provavelmente, a ser governada por um colégio de presbíteros, do qual Barnabé aparece fazendo parte na medida em que está integrado à hierarquia local, antes de se ter consagrado à obra missionária. Os Apóstolos e seus colaboradores diretos presidiam à comunidade. Com o passar do tempo e a morte deles, e, sem dúvida, designados por eles, há os seus sucessores. Assim, posteriormente, no tempo de Santo Inácio, que foi discípulo dos Apóstolos, encontramos a Igreja de Antioquia dotada de um episcopado de tipo monárquico.

É importante ter em mente que a partir da comunidade de Antioquia foi que a Igreja se abriu com zelo para a atividade missionária entre os gentios. De lá partiu a primeira missão, confiada a Barnabé e Paulo, orientada para as regiões meridionais da península da Anatólia (Atos 13–14), e é também de lá que se iniciará a segunda viagem missionária de São Paulo, levando o Evangelho à Ásia Menor, Macedônia e Grécia.

IV

A *DIDAQUÉ*

O livro da "Doutrina dos doze Apóstolos", isto é, a *Didaqué,* muito utilizada nos primeiros séculos, pode ser considerada sob dois aspectos essenciais: sua interpretação ao longo dos anos e o seu conteúdo, sem nunca esquecer que ela constitui um precioso testemunho da organização e da vida de uma comunidade cristã nos primeiros anos do cristianismo.

1. História de sua interpretação

A interpretação da *Didaqué* compreende três diferentes períodos:

a) *Período idílico*

Em 1873 foi descoberto em Antioquia um escrito, até então desconhecido, do qual se tinha notícia através de Clemente de Alexandria e Orígenes, que, como outros Padres, o mencionam com o título de *Didaché ton dódeka Apostólon*: doutrina dos doze Apóstolos. Foi publicado em 1883 por Filóteo Bryennios, que o situa numa época imediatamente anterior a Santo Inácio de Antioquia, praticamente contemporâneo a São Clemente de Roma.

b) *Período de dúvida*

Em 1912, J. Robinson abriu um período de dúvidas. Estudando o documento, ele percebe que o tema das duas vias, a da vida e a da morte, não pertence exclusivamente à *Didaqué*, mas já se encontra no *Pseudo-Barnabé* (115-150) e no *Pastor de Hermas*, mais ou menos no tempo de São Clemente. Ele chega então à conclusão de que a *Didaqué* é dependente, no tocante a tal doutrina, desses escritos, não se podendo datá-la antes de 140-150. Ademais, ele atribui à *Didaqué* um caráter arcaizante, isto é, seu autor desejava fazer a Igreja de seu tempo retornar à sua inspiração primitiva, e para tanto presume o que os doze Apóstolos ordenaram e funda suas instruções sobre isto que ele crê poder tirar dos escritos apostólicos.

c) *Período recente*

Jean-Paul Audet, em 1958, após acurada pesquisa, escreve um volumoso livro sobre a *Didaqué*, chegando a algumas conclusões:

- Ela contém de fato a doutrina dos Apóstolos, ou seja, segundo Eusébio (260-340), a *Didaqué* refere-se mais a instruções, detalhes, e não tanto aos ensinamentos, propriamente ditos, dos Apóstolos. O título "apóstolo" era aplicado aos que, de um modo ou de outro, tiveram contato com os apóstolos, também eles chamados homens apostólicos e que, em seu trabalho missionário, fundavam e organizavam as Igrejas, transmitindo as instruções recebidas dos Apóstolos.
- O documento provém deste ambiente apostólico. No tocante às duas vias, Robinson enganara-se colocando como fontes o *Pseudo-Barnabé* e o *Pastor de Hermas*, pois todos dependem duma fonte comum: o judaísmo. De fato, no judaísmo já encontramos a doutrina das duas vias e é dele que se difunde para toda a literatura da Igreja primitiva: *Didaché Kuríou tois éthesin* (ensinamento do Senhor às nações).
- Composição da obra — Audet apresenta a teoria de que o Didaquista, após ter escrito a *Didaqué*, retorna à sua Igreja, onde aperfeiçoa o texto. Constata-se também a existência de um interpolador. Em suma, teríamos: D1 + D2 + 1.

O importante é que todos eles são da idade apostólica, podendo-se situá-la entre os anos 60-80. Estamos na primeira geração cristã, e ela teria sua origem na missão aos gentios. No tempo, senão no espaço, da 1Cor 8–10; Rm 14; Cl 2,16.20-23 e 1Tm 4,3.

Desta forma, chegamos a algumas conclusões possíveis:

- Raiz judaica para as duas vias, donde o arcaísmo de alguns elementos da *Didaqué*. Segundo Audet, além da interpolação cristã de 1,3b a 2,1, as duas vias provêm de um ambiente judaico, sendo que "o uso batismal atribuído às duas vias é de época mais recente".
- Não há nenhum indício de enraizamento local, não podendo situá-la nem em Jerusalém nem em Antioquia. Seria, então, o didaquista um cristão itinerante, não estando ligado a uma comunidade determinada.
- Na descrição da ordem hierárquica, constata-se uma certa conotação montanista, muito embora a *Didaqué* nunca fale de uma hierarquia pneumática, espiritual nos moldes dos escritos montanistas. Fala do profetismo que poderia ser uma introdução, ainda que remota, ao montanismo.

2. Conteúdo

A respeito do conteúdo da *Didaqué*, após uma visão geral do documento, focalizaremos, sobretudo, a organização hierárquica da Igreja descrita por ela:

a) *Visão global do texto*

A *Didaqué* é composta de 16 capítulos, que se agrupam em três partes e um epílogo, testemunhando, embora não de modo exaustivo, a primitiva estrutura da comunidade cristã, e que podem ser assim reagrupados:

- Uma catequese moral (I-VI), o que permitiu denominá-la de livro das duas vias. De fato, ela reduz todos os deveres dos cristãos às duas vias: a via da vida (I-IV) e a via da morte (V). O VI capítulo é uma breve conclusão.

   "Há dois caminhos: um da vida e outro da morte. A diferença entre ambos é grande. O caminho da vida é, pois, o seguinte: primeiro amarás a Deus que te fez; depois a teu próximo como a ti mesmo. E tudo o que não queres que seja feito a ti, não o faças a outro" (1, 1s). E no cap. 5, ela fala do caminho da morte que é o seguinte: "em primeiro lugar, é mau e cheio de maldições: mortes, adultérios, paixões, fornicações, roubos, idolatrias, práticas mágicas, bruxarias, rapinagens, falsos testemunhos, hipocrisias, ambiguidades, fraude, orgulho, maldade, arrogância, cobiça, má conversa, ciúme, insolência, extravagância, jactância, vaidade e ausência do temor de Deus" (5, 1).

- Instrução litúrgica (VII-X), que contém a descrição do batismo (VII) e do jejum, narra a prece do Senhor (VIII) e descreve a Eucaristia (IX-X).

   A respeito do batismo, a *Didaqué* destaca que ele não deve ser dado senão após a instrução moral precedente, com a fórmula prescrita, em água corrente e, caso esta não seja suficiente, por infusão, e após, ao menos um dia, de jejum feito pelo que será batizado (VII).

   "Se não tens água corrente, batiza em outra água; se não puderes em água fria, faze-o em água quente. Na falta de uma e outra, derrama três vezes água sobre a cabeça em nome do Pai e do Filho e do Espírito Santo" (7, 2s).

   Ela prescreve que o jejum deve ser guardado na quarta e na sexta-feira e não na segunda e na quinta, como os hipócritas (os judeus). E para rezar deve-se fazer diferentemente deles, recitando três vezes por dia a oração dominical, com a doxologia: "pois a ti pertencem o poder e a glória pelos séculos" (VIII).

A ceia eucarística deve ser precedida de duas preces ou invocações, uma sobre o cálice, outra sobre o pão rompido:

> "Reunidos cada dia do Senhor, rompei o pão e dai graças, depois de haver confessado vossos pecados, para que vosso sacrifício seja puro".
>
> "Todo aquele que, no entanto, tenha contenda com seu companheiro, não se junte convosco até que se tenham reconciliado, para que não se profane vosso sacrifício. Porque este é o sacrifício do qual falou o Senhor: Em todo lugar e em todo tempo se me oferece um sacrifício puro, porque eu sou o grande rei, diz o Senhor, e meu Nome é admirável entre as nações" (XIV).

Só os batizados em nome do Senhor podem participar da Eucaristia. A ação de graças, após a ceia eucarística, faz-se por meio de uma prece e se encerra com a fórmula litúrgica: *Maranathá* (o Senhor vem). Os profetas podem render graças o quanto eles quiserem (X). São significativas as duas orações a serem feitas, antes e depois da comunhão:

> "Como este fragmento estava disperso sobre os montes e reunido se fez um, assim seja reunida tua Igreja dos confins da terra em teu reino. Porque tua é a glória e o poder por Jesus Cristo eternamente". "Recorda-te, Senhor, de tua Igreja, para livrá-la de todo mal e fazê-la perfeita em teu amor, e reúne-a dos quatro ventos, santificada, no teu reino, que preparaste. Porque teu é o poder e a glória pelos séculos" (X).

- Prescrição disciplinar (XI-XV), que regula as obrigações da comunidade concernentes aos espirituais (XI); os deveres de caridade (XII-XIII) e o governo interno da comunidade (XIV-XV).

> "A respeito dos Apóstolos e profetas, fazei conforme as normas do Evangelho. Todo apóstolo que vem a vós seja recebido como o Senhor. Mas ele não deverá ficar mais que um dia, ou, se necessário, mais outro. Se ele, porém, permanecer três dias é um falso profeta. Na partida, o apóstolo não leve nada, a não ser o pão necessário até a seguinte estação; se, porém, pedir dinheiro é falso profeta" (XI, 3-6). "Todo aquele que vem a vós, em nome do Senhor, seja acolhido (...). Se o hóspede for transeunte, ajudai-o quanto possível. Não permaneça convosco senão dois ou, se for necessário, três dias. Se quiser estabelecer-se convosco, tendo uma profissão, então trabalhe para o seu sustento" (XII, 2-4).

- Epílogo, que orienta a comunidade para o retorno do Senhor, por ocasião da Parusia (XVI).

3. Estrutura da Igreja local

Há duas espécies de estrutura, uma itinerante, outra sedentária. Esta será estudada mais detalhadamente em outro capítulo.

a) A hierarquia itinerante compreende, além dos Apóstolos, pessoas que lhes foram associadas no mesmo ministério e que são dotadas de poderes espirituais, sem serem extraordinários. São missionários que integram, sob a orientação e poder dos Apóstolos, a hierarquia itinerante. Eles os auxiliam e aparecem como seus colaboradores, que agem ora em dependência deles, ora de um modo mais autônomo. São Paulo cita os "meus colaboradores" (Rm 16,21; 2Cor 8,23...) e "companheiros de luta" (Fm 2). A primeira carta de São Clemente de Roma denominará tais pessoas de "eminentes" (XLII, 3).

A terminologia ainda não é precisa. Os que haviam sido agraciados pelo carisma do apostolado são designados de apóstolos, mas existem também (Rm 16,7) os que "são muito estimados entre os apóstolos" ou "distinguidos entre os apóstolos (episemoi)". Estes tanto podem pertencer à hierarquia como podem permanecer leigos. A denominação de "apóstolos", após a designação dos Doze, só surgiu mais tarde para caracterizar um membro da hierarquia missionária, que recebia, pela imposição das mãos, os mesmos poderes que os presbíteros. Eles limitar-se-ão a guardar o depósito revelado e serem os pregadores e defensores da Tradição.

No contexto da hierarquia itinerante, a *Didaqué* fala dos apóstolos (XI, 4), dos profetas (XI, 7) e dos doutores (XIII, 2; XV, 1-2), encarregados, sobretudo, de ensinar. Supõe-se que exista entre eles certa ordem de dignidade segundo o que havido fixado o Apóstolo São Paulo: "Na Igreja, Deus constituiu primeiramente os apóstolos, em segundo lugar os profetas, em terceiro lugar os doutores..." (1Cor 12,28).

A função própria dos apóstolos parece ser, por excelência, a de testemunhar Jesus Cristo, sua morte e sua ressurreição, assim como o fizeram Pedro e Paulo e todos os outros onze. Os apóstolos, referidos na *Didaqué*, não gozavam, porém, dos privilégios especiais dos Doze e de Paulo, como o da infalibilidade e o de promulgar a Revelação.

Os profetas tinham como função ensinar no Espírito, isto é, falar sob a ação de Deus, numa língua inteligível aos homens, para edificá-los, exortá-los, consolá-los e, caso necessário, revelar-lhes os mistérios do Senhor. Eles ocupam uma posição de relevo na comunidade: São considerados os sumos sacerdotes (XIII), celebram a eucaristia (XV), improvisam a ação de graças (X) e recebem as subvenções da comunidade sob a forma de primícias. A comunidade controla a inspiração deles (XI), mas só no sentido de constatar a realidade de sua origem religiosa sobrenatural, e não por considerá-los inferiores à comunidade e aos seus presbíteros. Ao mesmo tempo que julgam a comunidade, eles são julgados por ela e desta maneira reconhecidos como profetas.

Os doutores possuem o dom carismático da ciência, ou seja, eles recebem uma virtude sobrenatural para ensinar. São professores de ciência religiosa (XIV-XV).

b) A hierarquia sedentária compreende, sobretudo, os bispos *(epíscopos)* e diáconos, cujas funções não são bem explicitadas pelo didaquista. Os bispos são escolhidos como ministros do serviço eucarístico (XV), devendo ser dóceis para governar, desapegados como verdadeiros pastores, sinceros e aprovados para instruir e ensinar:

"Escolhei-vos, pois, bispos e diáconos dignos do Senhor, homens dóceis, desprendidos, verazes e firmes, pois eles também exercerão entre vós a liturgia dos profetas e doutores" (XV, 1).

V

As Perseguições no
Primeiro Século

A PRIMEIRA PERSEGUIÇÃO imperial contra o cristianismo foi movida pelo imperador Nero (54-68), após o incêndio da cidade de Roma (64). Para se ter uma ideia da grandeza do incêndio, deve-se ter em mente que a cidade estava dividida em 14 regiões, sendo que somente três ficaram intactas.

É notável o fato de Nero ter acorrido imediatamente a Roma para organizar os socorros e, assim, granjear a simpatia do povo, afastando a ameaça da acusação de ter sido o mandante do incêndio. Ele manda pagar indenizações, promete reconstruir, faz inumeráveis sacrifícios aos deuses e pune os que ele irá considerar culpados, os cristãos. Aliás, estes são acusados não somente de terem provocado o incêndio, mas também por alimentar "ódio contra a humanidade" *(odium humani generis)*.

De fato, a suspeita de incendiário tinha caído quase imediatamente sobre a pessoa do próprio imperador. Mas ele sagazmente faz calar a multidão e aponta os cristãos como os verdadeiros causadores. O historiador pagão Tácito (55-120) estava convencido de que Nero tinha feito uma ótima opção apontando os cristãos como culpados. Não é impossível pensar que as ideias apocalípticas dos cristãos sobre a cidade de Babilônia, destruída pelo fogo, não tenham influenciado e colaborado com os argumentos do Imperador. Ademais, existia a concepção de ódio dos cristãos contra a humanidade. Fundava-se no fato de os cristãos se revelarem reticentes a respeito da cultura pagã, cheia de mitos, costumes e cerimônias; e o mais espantoso, e considerado prejudicial para o mundo pagão, era a recusa do culto aos deuses. Para avaliar a gravidade dessa recusa, basta referir-se à ideia da cidade e à ligação aos seus deuses protetores. Com efeito, os cristãos não partilhavam da mesma crença aos deuses nacionais e protetores da cidade.

Muitas outras calúnias foram levantadas contra eles, como a de infanticídio, de orgias sexuais, de incesto e de adoração a um deus com cabeça de asno. O mais difícil, porém, de aceitar era o fato de os cristãos apresentarem uma ética diferente, que fazia com que eles fossem considerados misantropos, ou seja, pessoas que não vivem como as outras. Eles consideravam imorais os jogos do circo, os espetáculos teatrais e exaltavam a virgindade.

O povo e o próprio governo se sentem assim confrontados pelos seguidores de Cristo, o que explica a boa acolhida, por parte de todos, da acusação feita contra eles pelo poder imperial. Nero transforma a própria perseguição num divertimento. Como Tácito no-lo descreve, eles são perseguidos por serem cristãos e por terem destruído a cidade de Roma.

O título jurídico, ou o fundamento legal, da prisão e da execução dos cristãos em 64, na cidade de Roma, não é esclarecido por Tácito. Tertuliano, no entanto, se refere por duas vezes à perseguição de Nero e parece pressupor a existência de um *Institutum*, em virtude do qual os cristãos eram considerados fora da lei. Este seria o fundamento legal para a prisão e o suplício dos cristãos. Cometeria, porém, um erro quem visse no *Institutum* um decreto do imperador movendo uma perseguição geral, abrangendo todo o Império Romano. A tradução exata de *Institutum* indica uma norma jurídica, mais corretamente, o precedente de Nero, graças ao qual se poderia posteriormente agir contra os cristãos. O precedente de Nero permitirá que este procedimento do imperador constitua jurisprudência, sobre a qual as autoridades romanas mais tarde iriam se apoiar para aprisionar os cristãos. Permanece sempre a questão se este simples *Institutum* seria suficiente para condená-los.

Vale a pena dizer que Nero fez entrar em vigor um procedimento jurídico comum, isto é, uma vez tendo sido perturbada a ordem normal da cidade, o seu prefeito tinha o direito de agir, tomando medidas de urgência. Era o que estava justamente previsto na legislação romana. No caso do incêndio de Roma, o prefeito teria utilizado tão só o direito que lhe cabia. Portanto, não seria legítimo falar de uma lei especial e, muito menos, de um decreto imperial, mas a mera execução de um procedimento normal, previsto na própria legislação romana.

Temos desta forma uma explicação para o fato de as perseguições terem sido esporádicas. Não havendo uma lei, elas dependiam da ação de alguns prefeitos ou governadores, que poderiam ou não aplicar o procedimento de Nero. Aliás, o primeiro decreto oficial contra o cristianismo só foi promulgado no século III e, mesmo assim, de modo muito preciso. Ele estabelecia a proibição de reuniões nos cemitérios e estabelecia a distinção entre os chefes e os simples cristãos.

A perseguição sob Domiciano (81-98) é tema de muita discussão. Os argumentos utilizados, para afirmar sua existência, são algumas considerações feitas por São Clemente de Roma. No início de sua carta (em 96), ele se desculpa por não ter escrito antes à Igreja de Corinto "por causa das calamidades e adversidades imprevistas, que nos aconteceram uma após outra" (1, 1). Quando fala da perseguição de 64, ele diz que esta descrição foi feita porque "nós estamos nas mesmas condições, nos mesmos combates".

Outro testemunho é o do escritor cristão Eusébio (260-340), que se reporta ao historiador pagão Hegesipo, que escreveu por volta do ano 150. Domiciano é apresentado como sucessor de Nero por seu ódio contra Deus e sua luta contra ele:

"Domiciano manifestou muita crueldade a respeito de muita gente; fez matar um número considerável de nobres e de pessoas distintas em Roma, sem julgamento regular. Muitos homens ilustres foram ainda condenados ao exílio fora dos limites e à confiscação dos bens, sem nenhum motivo. Finalmente ele se erigiu como sucessor de Nero, por seu ódio contra Deus, e sua luta contra ele. Ele foi incontestavelmente o segundo a mover uma perseguição contra nós, se bem que seu pai Vespasiano não tivesse nunca concebido maus desejos contra nós" (Eus. H.E. III, 18, 4; 20, 7).

Domiciano foi quem propriamente deu início às perseguições contra os cristãos. Ele se baseava, sobretudo, no fato de eles serem acusados de ateus, pois rejeitavam a obrigação de adorar o imperador e as divindades romanas.

PARTE I

Literatura de Edificação Mútua
(96–125)

I

São Clemente de Roma

1. Autor e data da Carta aos Coríntios

a) *Tradição*

Por volta do ano 170, já existe toda uma tradição a respeito da epístola de São Clemente de Roma *aos Coríntios*. Como nos transmite Eusébio (H.E. IV, 23, 11), o bispo de Corinto, chamado Dionísio, escreve uma carta ao bispo de Roma em 170, declarando: "Hoje nós celebramos o dia santo do Senhor, e nós lemos vossa carta; nós a conservamos sempre para lê-la como uma admoestação, assim como a primeira carta que nos foi escrita por Clemente". Outra testemunha é o célebre historiador Hegesipo, que, sob o pontificado de Aniceto (155-160), faz uma breve permanência na Igreja de Corinto. Finalmente, Eusébio fala da *carta de Clemente aos Coríntios* e a data do tempo da perseguição de Domiciano (Eus. H.E. III, 16; IV, 22, 1).

Santo Irineu de Lyon considera São Clemente como o terceiro sucessor de São Pedro na cátedra da Igreja de Roma após Lino e Anacleto. Escreve Santo Irineu:

> "No tempo de Clemente, divisões muito graves irromperam entre os irmãos que estavam em Corinto. A Igreja de Roma escreveu então aos coríntios uma carta muito importante, para reconciliá-los na paz, renovando a fé deles, e para proclamar a tradição que ela recebera recentemente dos Apóstolos" (Adv. Haer. III, 3).

Santo Irineu afirma que São Clemente tinha conhecido os Apóstolos e se relacionara com eles, pois existiam ainda na época muitas pessoas que tinham sido instruídas por eles.

b) *Legenda*

Há três possíveis indicações sobre quem seria São Clemente de Roma. Seria aquele que São Paulo menciona em Fl 4,3, assim afirmam Orígenes (Com. Ev. S. Jo. 6, 54) e Eusébio (H.E. III, 15). Poderia ser membro da família imperial dos

Flavianos (pseudodementinas) ou ainda ser o cônsul Titus Flavius Clemens, primo de Domiciano.

É, porém, muito difícil identificar São Clemente de Roma com um destes personagens. Nada, por exemplo, o aproxima do cônsul Titus Flavius Clemens a não ser por serem contemporâneos e possuírem o mesmo nome. Ajuntemos o fato de os dois serem cristãos. Com efeito, o cônsul foi acusado de ateísmo e executado, o que significava infidelidade aos deuses nacionais. Tais acusações não estariam indicando sua fé em Cristo? Ademais o nome de Domitila, esposa de Clemens, lê-se sobre as inscrições das catacumbas cristãs.

No século IV, as legendas apresentam Clemente de Roma como um exilado e mártir nas ondas do Mar Negro. Mas, na mesma época, nem Eusébio nem São Jerônimo o chamam de mártir e, antes, Santo Irineu não lhe tinha concedido tal título. Por isso, é difícil afirmarmos que ele o foi.

c) *Datação*

No início da carta, encontramos uma passagem que nos possibilita estabelecer uma data: "Por causa das desditas e das calamidades que se precipitaram repentina e sucessivamente sobre nós" (n. 1, 1). Tais calamidades seriam, segundo Hegesipo e a tradição posterior, as consequências da "perseguição de Domiciano".

Algumas outras passagens fazem supor que se tenha passado certo lapso de tempo entre a morte de São Pedro e São Paulo e a redação da carta, pois os bispos que eles instalaram já tinham tido os seus sucessores (n. 42, 4; 44, 2-3). A Igreja de Corinto é chamada de antiga *(archaia)* (n. 47, 6), remontando às origens. Por outro lado, os portadores da epístola são homens fiéis e sábios, que viveram na comunidade desde sua juventude até a velhice (n. 63, 3), o que seria mais bem compreendido se a comunidade romana tivesse, ao menos, uns cinquenta anos de existência.

Todas essas indicações concordam com o fim do reinado de Domiciano (95-96) ou o reinado de Nerva (97-98). Daí o fato de a tradição adotada pela grande maioria dos críticos situá-la no período que vai de 95 a 98 de nossa era.

d) *Finalidade*

A cidade de Corinto era lugar de passagem obrigatória entre o centro da Grécia e o Peloponeso. No final do século I, verifica-se, na comunidade cristã, um levante dos fiéis contra seus presbíteros, os quais são destituídos de seus cargos. Caso inédito, não apenas em Corinto, mas, pelo que se sabe, em toda a Igreja cristã, embora aqui e acolá existissem até então algumas contestações. São Clemente de Roma intervém e o faz com expressões, tudo indica, que vão além do simples dever de solicitude de uma Igreja em relação à outra e chega mesmo a quase pedir desculpas por não tê-lo feito antes, como se fosse dever seu. "Por isso mesmo, sua carta vai muito além dos fatos, para estabelecer princípios gerais, em relação à posição da hierarquia na comunidade e à própria convivência comunitária cristã". Com efeito, logo no início da carta, São Clemente escreve:

> "Por causa das repentinas e sucessivas calamidades e tribulações que nos sobrevieram, cremos, irmãos, que voltamos um pouco tardiamente nossa atenção aos assuntos discutidos entre vós. Referimo-nos, caríssimos, à sedição, estranha e alheia aos escolhidos de Deus, abominável e sacrílega, que uns quantos, pessoas arrojadas e arrogantes, acenderam até um ponto tal de insensatez, que vosso nome, venerável, celebrado e digno de amor de todos os homens, veio a ser gravemente ultrajado".
> "Jamais vos arrependestes de desejar o bem, prontos sempre para toda obra boa. Adornados de conduta virtuosa em tudo, e digna de veneração, levais tudo à perfeição e acabamento no temor de Deus, como se as prescrições e justificações do Senhor estivessem escritas nas tábuas de vosso coração" (n. 1-2)

Diante dessas dificuldades encontradas na comunidade de Corinto, toda a sua carta irá refletir um forte apelo em favor da humildade e da unidade. Ele como que suplica, quando escreve aos coríntios, exortando-os à humildade:

> "Sejamos, pois, humildes, irmãos, depondo toda jactância, ostentação, insensatez e arrebatados de ira, e cumpramos o que está escrito. Diz, com efeito, o Espírito Santo: Não se glorie o sábio em sua sabedoria, nem o forte em sua força, nem o rico em sua riqueza, mas o que se gloria, glorie-se no Senhor". E, mais adiante, recorda as palavras de Jesus, "as que ele falou ensinando a benignidade e a longanimidade: compadecei-vos e sereis compadecidos; perdoai, para que sejais perdoados (...). Com este mandamento e com estes preceitos, fortaleçamo-nos a nós mesmos para caminhar, com espírito de humildade submissos às suas santas palavras" (n. 13).

2. Martírio de São Pedro e São Paulo

Após enumerar no 4º capítulo sete fatos de fratricídios, São Clemente fala dos Apóstolos Pedro e Paulo:

> "Fixemos nossa vista sobre os valorosos Apóstolos. Pedro, que por ciúme injusto não suportou apenas uma ou duas, mas numerosas provas e, depois de assim render testemunho (XXX), chegou ao lugar merecido da glória" (n. 5, 3-4). Logo em seguida refere-se a Paulo: "Por ciúme e discórdia, Paulo sustentou o preço da paciência.

Sete vezes carregado de cadeias, exilado, apedrejado, arauto no Oriente e no Ocidente, recebeu a ilustre glória por sua fé".

Sabe-se que no ano 96 não existia ainda um termo técnico para designar o martírio. A palavra martírio era entendida, num sentido mais vasto, como dar testemunho de Cristo, ao longo da vida cristã. Num sentido estrito, ela é empregada pela primeira vez no martírio de São Policarpo (v. 150):

"Nós vos escrevemos a respeito dos mártires e do bem-aventurado Policarpo, que, por seu martírio..." (I, 1). Policarpo foi "julgado digno de tomar parte no número dos mártires" (n. 14, 2).

Por outro lado, no ano 96 era impensável que alguém pudesse estar diante de Deus, caso não tivesse sofrido, como mártir, a morte por Cristo. Ora, em relação a Pedro e Paulo, nós encontramos as expressões: "chegou ao lugar merecido da glória"; "recebeu a ilustre glória". Pode-se, pois, considerar esta epístola como um testemunho de grande importância a respeito do martírio de São Pedro e São Paulo em Roma.

3. Doutrina

São Clemente estabelece íntima relação entre os dois testamentos: Há uma única história da salvação. Daí as múltiplas citações do Antigo Testamento.

a) *Os exemplos dos antigos*

Os grandes personagens do Antigo Testamento tornam-se, na epístola de São Clemente, pessoas vivas, apresentadas como exemplos no campo das virtudes morais e religiosas. Assim, Caim e Abel ilustram as más consequências da inveja. Henoc e Noé são modelos de obediência e de fidelidade, como Abraão e tantos outros que ensinaram a humildade e a submissão (n. 4; 9, 3-4; 10 (Abraão); 11 (Lot)... Eles não são santos fossilizados, mas são uma presença que leva seus descendentes a se tornarem melhores. É justamente de descendentes que o texto se refere ao falar de "nosso Pai Abraão" (n. 31, 2); "nosso Pai Jacó" (n. 4, 8)... Há uma filiação que São Clemente não discute, situada por ele na continuidade de uma atitude de coração.

Esboça-se, assim, uma imensa família espiritual que, através dos séculos, vive da mesma Tradição. No n. 3, 1, ele escreve: "Retomemos os acontecimentos desde o início". A que início está ele se reportando? No contexto imediato ele cita os patriarcas: Abraão, Isaac e Jacó (n. 31, 2). São Clemente não deixa também de descrever o testemunho de Noé (n. 7, 5-6). Enfim, em 19, 2 o "início proposto desde o começo são as leis mesmas da criação"; em 50, 3 são evocados todos os que desde Adão "tornaram-se perfeitos na caridade".

Seu desejo é salientar que, desde as origens do mundo, as maneiras relacionais de Deus com a humanidade são as mesmas. Há uma só história, regida pelas mesmas leis fundamentais: doçura, paz e humildade. Os pagãos e suas virtudes pertencem também a esta história, pois Clemente cita-os como exemplo (n. 55, 1); para toda a família humana são implorados os dons de Deus (n. 60, 4).

b) *Uma única eleição*

Na grande e única história da salvação há uma única eleição:

> "Amemos nosso Pai bondoso e misericordioso, o qual nos admitiu como herdeiros (para fazer parte de sua eleição)". "Eis que o Senhor toma para si um povo do meio dos povos, assim como alguém toma as primícias de sua eira, e deste povo há de proceder o santo dos santos" (n. 29, 3).

São Clemente não deixa de frisar que com Cristo se inaugurou uma nova e última etapa da história da salvação. Conserva-se, porém, uma unidade fundamental, entre a antiga e a nova Aliança, em vista da identidade das leis interiores que regem as etapas da história da salvação. É o mesmo e único Deus, Pai de Jesus, que criou o mundo e escolheu os patriarcas.

Antes de São Justino, São Clemente contempla Cristo Jesus agindo no Antigo Testamento, através do seu Espírito. Na Escritura antiga é o Verbo de Deus que, pelo Espírito Santo, já se exprimia e a animava. São Clemente adota, pois, com serenidade toda a herança judaica sem estabelecer o mais leve sinal de oposição entre os dois Testamentos. A sintonia entre ambos é perfeita. Lembramos que, mais tarde, em Santo Irineu, esta concepção será aprofundada e enriquecida.

c) *Conceito de Igreja*

Como o livro do Apocalipse e a *Didaqué*, São Clemente vê o cristianismo presente em todo o mundo. Embora não conhecesse o termo "católico", ele sabe que Paulo pregou a justiça ao mundo todo (*hólon tón kósmon*: n. 5, 7) e que os escolhidos estão em todo o mundo (ev hólo to kósmo: n. 59, 2).

Todos formam um povo (èthnos), que Deus escolheu entre as nações e devem praticar obras de santidade, que se "revistam de unanimidade" (n. 29, 1-3; 30, 3). Dois conceitos são destacados, a ordem e a obediência, que o levarão a comparar a disciplina eclesiástica com a disciplina militar, levando-o a uma percepção peculiar de Igreja. Em suas palavras, ela assume a feição de um exército e os fiéis a de soldados:

> "Reparemos nos soldados alistados sob as bandeiras de nossos imperadores, como cumprem as ordens com disciplina, prontidão e submissão..." (n. 37).

O texto parece refletir sua admiração pela disciplina dos exércitos romanos. Todavia, para apreciar, mais corretamente, o alcance da passagem, é necessário lê-la à luz de algumas referências judaicas. De fato, já em Qumrân, a comunidade religiosa retrata certa subordinação militar: "Que todo homem de Israel, diz a Regra, conheça bem o seu lugar na comunidade de Deus..., que ninguém desça abaixo do seu posto e que ninguém se alce para além do lugar que lhe foi consignado" (VI, 9s).

No n. 37, 3, São Clemente escreve que "nem todos são prepostos a cinquenta...", referência esta que não se encontra na organização dos exércitos romanos. Por outro lado, verificamos em Ex 18,21.25; Dt 1,15 que o povo de Israel no deserto tinha exércitos repartidos sob o comando de chefes de mil, de cem, de cinquenta e de dez. Esse esquema é repetido em 1Mc 3,55 e, sobretudo, nos documentos de Qumrân, o que leva a reconhecer no texto, acima citado, uma concepção mais bíblica que romana. Seria, antes, uma alusão à organização do Povo de Deus nos campos do deserto, imagem presente não só em São Clemente, mas em muitos outros escritos do mesmo período. Vigora o conceito de Igreja peregrina, que perpassa a carta e já está presente na sua introdução:

> "A Igreja de Deus, que tem sua residência transitória (peregrina) em Roma, à Igreja de Deus com residência transitória em Corinto" (Intr.).

De fato, os primeiros cristãos insistiam no intento de destacar o caráter transitório da existência terrena, de tal modo que as comunidades cristãs se entendessem a caminho, jamais instaladas como se sua residência última estivesse no mundo. Ao mesmo tempo, indica a exigência de uma renovação constante e de que ela seja eminentemente missionária.

Diversas outras imagens de Igreja são encontradas em São Clemente, além das de Igreja como Povo de Deus, assembleia e exército. Com ênfase, ele fala dos fiéis que formam um corpo, o corpo de Cristo (n. 37, 5; 38, 1), ou ainda, o rebanho de Cristo: "Que o rebanho de Cristo viva em paz com os presbíteros constituídos" (n. 54, 2).

d) *Composição da assembleia*

São Clemente estabelece uma comparação entre a hierarquia do Antigo Testamento e a ordem eclesiástica (n. 40.41): na Igreja, como naquele, encontramos o sumo sacerdote, sacerdotes, levitas e, acrescenta ele, os leigos. O que ele deseja, através da instituição sacerdotal de Israel, é deixar claro aos de Corinto a função que seus chefes, como escolhidos de Deus, ocupam na Igreja. Nessa comparação ele não quer traçar os correspondentes exatos a cada uma das funções, mas acentuar que o povo de Corinto deve ver seus chefes como o povo do Antigo Testamento os via. Não há uma correspondência exata entre os epíscopos e diáconos, na Igreja, e os sacerdotes e levitas, no Antigo Testamento. A diferença existe no que concerne ao povo, isto é, há uma diferença entre os chefes, que são os presbíteros, e os leigos, assim, como outrora, os sacerdotes e levitas se distinguiam do povo.

e) *Distinção entre presbíteros e leigos*

Etimologicamente, a palavra leigo vem do termo grego *"laikós"*, que indica uma referência ao povo *(laós)*. São Clemente, o primeiro a empregar o termo "leigo", utiliza-o com o intuito de distinguir os epíscopos e diáconos do conjunto do povo.

Façamos uma breve análise do termo leigo *(laikós)*. O sufixo *ikós* tem sua aparição no final do século V antes de Cristo e exprime a pertença a um grupo, com um valor categorizante. Neste sentido o termo leigo *(laikós)* aplicado a alguém, membro de um povo *(laós)*, confere a este substantivo um sentido específico. Em outras palavras, leigo *(laikós)* designa, no interior do povo *(laós)*, uma categoria de pessoas em oposição a outra, tendo, no entanto, um valor próprio e uma missão, que lhe cabe de modo específico, não, porém, através de uma consagração especial.

Nos papiros egípcios e no Antigo Testamento, traduzido por Áquila, Símaco e Teodocião, o termo *laikós* encontra-se em 1Sm 21,5 para designar os pães não consagrados. Refere-se a coisas, não a pessoas, indicando o que não é sagrado, ou seja, sua pertença ao povo, enquanto no interior deste povo existem coisas não "consagradas" ou reservadas unicamente a Deus.

O primeiro a empregá-lo para pessoas é justamente São Clemente, que evoca o Antigo Testamento onde se fala de consagração e não consagração. O termo leigo *(laikós)* indica a pertença da pessoa ao povo de Deus, com uma distinção: o leigo consagrado no batismo não é, no entanto, consagrado para uma função especial, como os diáconos, presbíteros e bispos (epíscopos). Estes seriam comparados aos sacerdotes e levitas, que recebem uma missão especial junto ao povo de Deus:

> "Ao sumo sacerdote foram confiados ofícios litúrgicos particulares; aos sacerdotes foi designado seu lugar particular; e aos levitas foram impostos serviços particulares. O leigo está ligado aos preceitos leigos" (40, 5). "Estabelecerei seus bispos na justiça e seus diáconos na fé"(42, 5).

II

Santo Inácio de Antioquia

Por volta do ano 110, Inácio, bispo de Antioquia, foi conduzido da Síria a Roma, na época do Imperador Trajano, e condenado às feras. Durante essa viagem a Roma o santo para em Filadélfia, depois em Esmirna, onde escreve quatro epístolas, e em Troas, quando então redige outras três epístolas.

As epístolas de Santo Inácio assinalam, no início do cristianismo, a riqueza espiritual da comunicação entre as diversas Igrejas. São laços de verdadeira solicitude e amor mútuo. Manifesta-se, dessa maneira, a união entre elas, permitindo-nos, igualmente, conhecer melhor a vida das primeiras comunidades e reconhecer a catolicidade da Igreja.

1. Morte sob o Imperador Trajano

Múltiplos são os testemunhos a respeito do martírio de Santo Inácio, quase desnecessários, pois, em suas cartas, ele fala ardentemente do iminente martírio e pede mesmo aos da Igreja de Roma que não o impeçam de dar sua vida por Cristo. Algumas referências importantes:

a) Eusébio, em sua crônica (330-340), atesta que o bispo foi conduzido a Roma e condenado às feras.
b) Orígenes cita Inácio e o chama de mártir, o que é muito significativo, pois Orígenes só utiliza esse termo em casos bem precisos.
c) Policarpo, na sua *Carta aos Filipenses*, refere-se a Inácio de Antioquia, deixando claro que está persuadido de que ele sofreu o martírio e que está junto do Senhor.

2. Obras

Na ida a Roma, Santo Inácio escreve suas famosas sete cartas. As três primeiras são dirigidas às Igrejas de Éfeso, Magnésia e Trales, para agradecer-lhes pelo fato de terem enviado delegados para saudá-lo a caminho do martírio. Ainda de Esmirna, ele escreve à comunidade de Roma uma carta que constitui verdadeira apologia do martírio. As três outras, escritas em Trôade, são dirigidas à Igreja de Esmirna e ao seu bispo Policarpo, em reconhecimento pela atenção e carinho que deles havia recebido. Uma última é enviada à Igreja de Filadélfia, na qual agradece suas orações, exorta-a para estar vigilante contra as heresias e acrescenta a boa-nova de que a perseguição tinha terminado em Antioquia. Solicita que ela envie delegados à Igreja de Antioquia para cumprimentá-la pela paz alcançada.

3. Tipologia do cristão

Santo Inácio compara sua ida ao martírio ao caminho trilhado no catecumenato. Nele, o catecúmeno é agraciado por Cristo com abundantes graças, pois, convertido ao Senhor, ele abandona o pecado e marcha para o batismo com impaciência. Como o mártir, tudo lhe é dado por Deus (Aos Rom. 1, 2; Aos Efe. 3, 1; Aos Tral. 4, 2-5).

Por outro lado, ele está convicto de que, após o seu martírio, a Igreja de Roma reunir-se-á para agradecer a Deus, pois morrer é encontrar-se com Jesus Cristo. Por isso, não há temor diante do martírio, mas ardoroso desejo de abraçá-lo. Ele o situa no quadro da ação de graças a Deus, fonte de inspiração de belíssimas expressões de reconhecimento a Jesus, que, sendo Deus, deu a vida por nós. Seu desejo é imitá-lo:

> "Para nada me serviriam os encantos do mundo, nem os reinos deste século. Para mim, é melhor morrer para Cristo Jesus do que ser rei até os confins da terra. Procuro aquele que morreu por nós; quero aquele que por nós ressuscitou. Meu parto se aproxima. Perdoai-me, irmãos. Não me impeçais de viver, não queirais que eu morra. Não me abandoneis ao mundo, não seduzais com a matéria quem quer pertencer a Deus. Deixai-me receber a luz pura; quando tiver chegado lá, serei homem" (Aos Rom. 6, 1.2).

4. A expressão "cristianismo"

Santo Inácio é o primeiro a empregar a expressão "cristianismo", que ocorre por três vezes em seus escritos:

a) Duas vezes ele a emprega em oposição ao judaísmo:

"Não nos façamos insensíveis à sua bondade... Por isso, tornando-nos discípulos seus, aprendamos a viver segundo o cristianismo" (Aos Magn. 10, 1), pois "é absurdo falar de Jesus Cristo e viver como judeu" (Aos Magn. 10, 3).
"Se, no entanto, alguém vier com interpretações judaizantes, não lhe deis ouvido... melhor ouvir o cristianismo (doutrina cristã) dos lábios de um homem circuncidado do que a judaica de um não circuncidado" (Aos Fil. 6, 1).

b) Outra vez, como que indicando uma instituição, possivelmente em oposição aos pagãos:

"O cristianismo não é o resultado de persuasão, mas de grandeza, justamente quando odiado pelo mundo" (Aos Rom. 3, 3).

5. Mística de identificação a Jesus Cristo

Santo Inácio é um dos autores da Igreja primitiva que proclama, com clareza e insistência, a fé em Cristo como o caminho que os fiéis devem necessariamente percorrer. O conteúdo dessa é determinante para a vida do cristão. Sentimos em suas palavras o ecoar das pregações dos Apóstolos São Paulo e São João.

Em Jesus, a criação toda inteira atualiza de modo concreto e definitivo sua forma mais perfeita de existência, seu "ser de Deus" (Aos Rom. 6, 2) e seu "alcançar a Deus" (Aos Tral. 12, 2; A Pol. 2, 3). Daí a conclusão, a que se retorna por diversas vezes, de que o homem só existirá integralmente quando chegar a Deus.

No entanto, Santo Inácio não deixa de frisar que Deus só reconhece, como seu, Jesus Cristo e o que está unido a ele. Jesus é a "imitação" perfeita do Pai e por imitação ele entende "tornar presente". Neste sentido, Jesus torna Deus presente no meio dos homens, é ele a revelação plena do Pai. E os que o imitam, ou seja, só são realmente imitadores dele os que o tornam presente no mundo (Aos Fil. 7, 2). Donde, "ser de Deus", "alcançar a Deus" significa imitar as virtudes de Cristo (Aos Efe. 10, 2), seus padecimentos (id 10, 3) e sua morte (Aos Rom. 4, 2s).

Daí o desejo de Santo Inácio, e que o consome, de imitar Cristo, identificando-se a ele e sendo uma presença de sua vida e de sua morte. Ele, porém, atesta a atmosfera criada pelos hereges, os docetistas, que negam a realidade da carne de Cristo, movimento que aponta para o gnosticismo. Ele proclamará a vinda de Cristo como uma realidade objetiva e um evento histórico, de abrangência cósmica, trazendo ao homem uma mensagem de salvação. Como São Paulo, Santo Inácio vive no desejo de uma salvação futura, fundada na morte e ressurreição de Jesus *(anástasis)*. Cristo é para ele nossa Esperança, nossa Vida, mas ele está consciente de que um ato do drama escatológico está ainda por vir, embora o evento escatológico da Parusia já se tenha dado na vida histórica de Jesus (Aos Fil. 9, 2; Aos Magn. 9, 2).

Cristo é nova existência para os cristãos, seus "membros" (Aos Efe. 4, 2; Aos Tral. 11, 2), "ramos da cruz" (Aos Tral. 11, 2) e, enquanto unidos na Igreja (*ekklesia*), o corpo (Aos Esm. 1, 2), cuja cabeça é Cristo (Aos Tral. 11, 2). A plenitude da vida de fé encontra-se "em Cristo", fórmula que tem nele grande força. O peculiar no seu pensamento é que ser cristão, e só pode ser assim realmente denominado, é estar sacramentalmente unido a Cristo no mistério de sua paixão, morte e ressurreição. Toda uma importância é conferida à divindade e humanidade do único Cristo, professando, o que mais tarde será claramente definido, a verdade de que Jesus é verdadeiramente homem e verdadeiramente Deus. Doutrina do único Cristo, Deus e homem, doutrina de salvação.

Como em São João, a unidade do Verbo eterno e do Verbo encarnado, *Lógos* e *Sárx*, decorre do amor de Deus para conosco. Há uma forte ênfase sobre ambos os polos, particularmente diante das tendências separacionistas dos docetistas e todos esses que na vida do Apóstolo tentavam dissolver Cristo (1Jo 4,3). Para contradizê-los, Santo Inácio insere nas expressões apostólicas sobre a Encarnação do Filho de Deus um "completo" (Aos Esm. 4, 2) ou um "genuíno" homem para excluir toda alusão à "semelhança" *(to dokein)*, ou ao perigo da interpretação docetista:

> "Tudo isto, Ele sofreu por nós, a fim de que sejamos salvos; e ele verdadeiramente sofreu, como também verdadeiramente ressuscitou. Para mim, eu sei que, mesmo após sua ressurreição, ele estava na carne, e eu creio que ainda está na carne. E quando veio a Pedro e a seus companheiros, ele lhes diz: "Tomai, tocai-me, e vede que não sou um fantasma incorporal". Logo após, eles o tocaram e creram, unindo-se à sua carne e ao seu espírito. Por isso, eles desprezaram a morte e mostraram que a dominavam. E após sua ressurreição, Jesus comeu e bebeu com eles como um ser de carne, mesmo quando já se tinha tornado um só espírito com o Pai" (Aos Esm. 1–4, 1).

6. A figura do Bispo neste primeiro século

A visão de uma hierarquia em três níveis, apresentada por Santo Inácio, torna-se compreensível quando considerada à luz da sua concepção de Igreja, descrita como mistério vivo, unido a Cristo. Daí a necessidade de se refletir primeiramente sobre a Igreja para então melhor compreender as funções do bispo e o exercício de sua autoridade. O tema da autoridade será tratado, mais adiante, em um capítulo especial.

a) *A Igreja, mistério da unidade de Deus*

A Igreja é descrita, por Santo Inácio, como aliança de unidade e de amor. A insistência recai sobre a unidade da Igreja, expressão máxima de sua natureza divina e de sua união com o Senhor Jesus Cristo e com o próprio Pai pelo Espírito Santo.

Essa unidade, também denominada "caridade harmoniosa", sinal do mistério trinitário, é concretizada na comunhão com o seu bispo, com as demais comunidades cristãs e no combate às heresias. É justamente essa concordância fundamental, esta unidade intrínseca, que a caracteriza como Igreja Católica. Escreve ele aos esmirnenses:

> "Onde quer que se apresente o bispo, ali também esteja a comunidade, assim como a presença de Jesus Cristo também nos assegura a presença da Igreja Católica" (8, 2).

O termo *catholica*, não só designa a realidade da Igreja presente por toda parte, mas, principalmente, o fato de ela ser sinal da unidade e da verdade de Deus. Quanto mais ela é transparência da verdade e da unidade divinas tanto mais ela proclama a sua catolicidade.

A Igreja é, portanto, uma realidade divina e espiritual, embora santa e pecadora, presente na história mediante a comunhão com o ministério do bispo, mestre, guia e centro de unidade da comunidade cristã e com o ministério dos presbíteros e dos diáconos. Aparece assim, de modo explícito, a estrutura da hierarquia da Igreja. Em outras palavras, a hierarquia da Igreja é nela mesma a proclamação do mistério de Deus. A força básica da estrutura hierárquica na Igreja nasce da exigência de comunhão com Deus e com os irmãos no serviço ao Evangelho. A hierarquia é sinal, na comunidade dos irmãos, da verdade e da unidade de Deus:

> "Segue-se daí que vos convém que vivais com o sentir de vosso bispo. Que é justamente o que fazeis. Vosso presbitério, digno de sua reputação, digno de Deus, está harmoniosamente concorde com seu bispo como as cordas com a lira. Os particulares ou os leigos também, na concórdia de vossos sentimentos e na harmonia de vossa caridade, cantai ao Pai por meio de Jesus Cristo. Assim, o Pai vos escutará e reconhecerá em vós, graças a vossas boas ações, como cânticos entoados por seu próprio Filho. Portanto, é coisa proveitosa que vos mantenhais em unidade irrepreensível, a fim de que também, em todo momento, sejais partícipes de Deus" (Aos Efe. 2, 2–5, 2).

b) *O Bispo, sinal de unidade na caridade*

No final do século I e início do século II, a Igreja tem a consciência viva de que a função exercida pelos Apóstolos é essencial à sua vida. E os bispos serão sempre respeitados como sucessores dos Apóstolos enquanto a perpetuam na Igreja fundada por Jesus sobre a rocha, o Apóstolo São Pedro. Escreve Santo Inácio:

> "Mas desde que a caridade não me permite calar-me sobre vós, tomei a dianteira de exortar-vos a correr de acordo com o pensamento de Deus. Pois Jesus Cristo, nossa vida inseparável, é o pensamento do Pai, como por sua vez os bispos, estabelecidos até os confins da terra, estão no pensamento de Jesus Cristo" (Aos Efe. 3, 2). "Se eu mesmo, em tão pouco espaço de tempo, estabeleci com vosso bispo tal intimidade, que não é humana, mas espiritual, tanto mais eu vos estimo bem-aventurados, por estardes tão estreitamente unidos a ele, como a Igreja a Jesus Cristo e como Jesus Cristo ao Pai, tudo se harmonizando na unidade" (id 5, 1s).

Portanto, para Santo Inácio, o bispo é na Igreja de Cristo sinal de unidade e de comunhão na caridade. Função essencial à Igreja e que se desdobra em duas outras: a de governo e a de ensino. Tudo, porém, está ordenado à edificação da Igreja e à santificação de seus membros. O ponto culminante da unidade, edificação e santificação é a Eucaristia.

Tais funções são descritas no quadro da comunhão com o Pai em Jesus Cristo:

- ■ O Bispo como "imagem de Deus Pai"

Ao longo de suas cartas, Santo Inácio traça, por diversas vezes, um paralelo entre o bispo e Deus Pai: ele é na comunidade o representante do Pai, pois "não é a ele que se submetem, mas ao Pai de Jesus Cristo, Bispo de todos" (Aos Magn. 3, 1s). O respeito devido ao bispo radica-se na missão que ele recebeu do Pai, através do Cristo (Aos Efe. 6, 1).

Estas referências inspiram-se na visão cristológica de Santo Inácio em que Cristo ocupa o lugar central de toda reflexão e em cuja imitação se delineia a vida da Igreja. Referindo-se ao bispo, ele destaca que a relação existente entre Cristo e o Pai constitui o modelo de toda relação do bispo com o Cristo e dos fiéis com o bispo (Aos Esm. 8, 1).

Daí decorre a exigência de que o bispo possua uma solicitude paterna para com todos. A São Policarpo ele escreve:

> "Pela graça de que estás revestido, eu te exorto a acelerar ainda teu passo e a exortar também os outros para que se salvem. Justifica tua posição, empenhando-te todo, física e espiritualmente. Cuida da unidade; nada melhor do que ela. Promove a todos como o Senhor te promove; suporta a todos com amor, como aliás o fazes. Dispõe-te para orações ininterruptas; pede ainda maior inteligência do que já tens; sê vigilan-

te, dono de um espírito sempre alertado. Fala a cada qual no estilo de Deus. Vai levando as enfermidades de todos como atleta consumado. Quanto maior o labor, maior o lucro" (1, 2-3).

Perante Deus, a responsabilidade do pastoreio cabe em primeiro lugar ao bispo. Os presbíteros, seus colaboradores, condividem a solicitude da Igreja local enquanto exercem seu ministério em comunhão com ele.

- O Bispo, mestre da fé

Na Igreja local, o bispo assume a figura de pai enquanto transmite o ensinamento recebido dos Apóstolos e gera à fé novos filhos de Deus; é pai porque conserva esta fé íntegra em seus corações, fazendo-os partícipes do Espírito da verdade; é pai porque desenvolve neles a fé, tornando-os firmes e inabaláveis em sua adesão ao Cristo.

- O bispo preside à Eucaristia

É na celebração da Eucaristia que a Igreja se realiza de modo perfeito. Presidindo-a, o bispo é a sua epitomização, isto é, nele toda a comunidade presente e ausente encontra-se reunida no louvor de ação de graças a Deus (Aos Efe. 8,1; 20, 2). Assim, graças a ele, a Igreja local é una e inteira, pois ele é o seu vínculo de coesão interna e de comunhão com a Igreja presente por toda parte.

As reflexões de Santo Inácio fazem, assim, emergir a função essencial do bispo, ser princípio de unidade. Função que resume todas as demais, levando-as à plenitude, pois se liga ao mistério mesmo de Deus e da Igreja. Para significá-la, Santo Inácio emprega por oito vezes o termo união e unidade (henosis) e dez vezes o termo unidade *(henotes)*, que possuem dois aspectos característicos: Primeiramente, designa a união enquanto dom de Deus e fruto de sua iniciativa. Em segundo lugar, indica também uma adesão do homem a Deus e cuja expressão por excelência é a união ao Cristo. A comunidade a efetiva na medida em que vive a união com o bispo, união constante e que se expressa interior e exteriormente.

PARTE II

Literatura Cristã e o Mundo Greco-Romano
(125-190)

I

O Século II

1. Aspecto histórico

O confronto da Igreja com o Império Romano se traduz por uma oposição violenta, mas passageira e localizada. Discute-se o motivo jurídico do martírio de Santo Inácio de Antioquia, de São Policarpo, dos mártires de Lyon e dos cilitanos.

O primeiro contato do mundo cristão com o Império foi registrado no tempo de Trajano, por uma carta de Plínio, o Jovem, ao imperador. Escrita por volta de 110-112, época em que Plínio era governador da Bitínia, a carta solicita ao Imperador algumas instruções a respeito dos cristãos, cuja presença, em seus territórios, é registrada por Plínio.

Relevam-se da carta alguns pontos importantes:

a) Plínio refere-se "a um grande número de pessoas de toda idade e de toda condição, dos dois sexos". Eles estão "não só nas cidades, mas também nas aldeias e no campo".
b) A carta transmite-nos alguns costumes e ritos dos cristãos. Eles "se reúnem em dias fixos, antes do nascer do sol". Provavelmente, no domingo de manhã, pois em toda a semana eles trabalhavam o dia todo. Rezavam "em coros alternados, cantando hinos a Cristo como a um Deus". Engajavam-se por uma promessa "não para algum crime, nem para cometer roubo, pilhagem, adultério, mas sim para não negar a fé jurada e um depósito reclamado".
c) A carta deixa transparecer o poder do governador de condenar à morte, menos os cidadãos romanos.
d) Finalmente, temos as dúvidas de Plínio sobre o motivo da perseguição e o procedimento a seguir.

A resposta de Trajano não é muito esclarecedora. Aliás, ela é mesmo contraditória: "Não se deve buscar os cristãos, mas, quando acusados, deve-se puni-los". É o tipo do poder confuso. "No que se refere às denúncias anônimas, qualquer que seja a acusação, não se deve levar em consideração. É um procedimento execrável indigno de nosso tempo".

Um rescrito do Imperador Adriano (117-138) a Fundano, procônsul da província da Ásia, foi transcrito por Justino, no final de sua Apologia. Adriano desejava que as perseguições fossem feitas dentro da lei: denúncia por petições e punições de crimes reais. Mas se alguém apresentasse uma acusação falsa, escreve ele, "castigue-o com a maior severidade e cuide bem para que não fique impune" (1Apol. 68, 10).

Marco Aurélio (161-180) é o Imperador filósofo. No tempo dele temos o martírio de Policarpo, de Justino e dos cristãos de Lyon. Qual o motivo? Ignora-se absolutamente. Não existe nenhum documento oficial. Os documentos que chegaram a nós são contraditórios:

a) Melitão de Sardes sugere uma perseguição geral em todo o Império (Eus. H.E. IV, 26, 5s). Mas isso é enfraquecido pelo que se passou em Lyon (177): o governador das Gálias escreve a Marco Aurélio e sua resposta encaixa-se perfeitamente no que Trajano tinha escrito a Plínio.
b) Atenágoras, filósofo cristão de Atenas, em sua obra "*Súplica*", em favor dos cristãos, dirigida a Marco Aurélio e a seu filho Cômodo, vê a autoridade local ultrapassada pela população (*Súplica* 1).

2. As *Apologias*, resposta ao ataque dos judeus e pagãos

Verifica-se, no século II, um relacionamento particular da Igreja com o mundo pagão. Uma forma literária desse contato nos foi legada pelas apologias, primeiras expressões e justificações do cristianismo, dirigidas aos imperadores ou visando, como a *Epístola a Diogneto*, a opinião pública. Elas constituem uma tentativa de apresentação da doutrina cristã no quadro da cultura helênica. Na medida, porém, em que refutam as acusações injuriosas que se levantaram contra os cristãos, podemos conhecer o que os pagãos, na ocasião, pensavam da Igreja. No entanto, os apologetas não só respondem às reações dos sábios e dos populares contra ela, mas também justificam a fé dos cristãos e mostram as fraquezas e incongruências das religiões pagãs.

Segundo os adversários, poderíamos classificar os apologetas da seguinte maneira:

Contra os pagãos	Contra os judeus	Contra ambos
Quadrato	Aristão de Pela	Justino
Teófilo de Antioquia		Milcíades
Aristides		Melitão
Hérmias		
Taciano		
Apolônio		
Atenágoras		

Mais adiante abordaremos um deles, São Justino, mártir, refletindo sobre sua doutrina, que nos introduz no pensamento teológico presente na maioria dos apologetas.

Todavia, não se deve pensar que tenha cessado na Igreja a literatura de comunicação entre as diversas comunidades, ou seja, a literatura *"ad intra"*. Florescem neste tempo as *Atas dos Mártires* e uma literatura de edificação mútua: os escritos apócrifos. Neste período surgem as versões gregas do Antigo Testamento: a de Símaco, a de Teodocião e a de Áquila, e também aparece um movimento herético denominado gnosticismo.

No quadro geral da época, os escritos podem ser assim classificados:

a) Afirmação da fé: *Atas dos Mártires* e escritos sobre os martírios. Ex.: *O martírio de São Policarpo*.
b) Apresentação da fé: As apologias.
c) Compreensão da fé: As obras, por exemplo, de Santo Irineu.

Um fato novo sobrevém, justamente, no início do século seguinte: a perseguição movida por Septímio Severo, que publica um decreto de perseguição aos cristãos, válido para todo o Império Romano. Um acontecimento importante desta época é a extensão do direito de cidadania romana a todos os súditos do Império, o que possibilitou uma ascensão social, mas sujeitou também os cristãos aos deveres estatais, gerando novos conflitos.

3. Inserção do cristão no mundo

Principalmente, através de duas principais obras, vislumbra-se como os cristãos, no século II, encontram-se profundamente inseridos na sociedade de seu tempo, a *Carta dos mártires de Lyon* e a *Carta a Diogneto*.

a) *Carta da comunidade dos mártires de Viena e Lyon*

Os mártires de Lyon, em 177, sob Marco Aurélio, são conhecidos por uma carta dirigida pelos "servidores de Cristo que peregrinam em Viena e Lyon na Gália, aos fiéis que estão na Ásia e Frígia" (Eus. H.E. V, 1, 1-63; 2, 2-6).

A carta, conservada, em grande parte, por Eusébio, relata a vida dos mártires na prisão, seu julgamento e martírio. Mas ela se apresenta também como um documento de grande valor no que se refere à vida social dos cristãos. Numa de suas passagens, lemos:

"Nós somos não somente expulsos das casas, dos banhos, da praça pública, mas ainda nos proíbem absolutamente de aparecer onde quer que seja" (id. V, 1, 5.6).

Desta frase destacamos os seguintes elementos:
- Na cidade, há um constante relacionamento dos cristãos com os pagãos, que se visitam mutuamente como amigos.
- Os cristãos frequentam os banhos públicos, o que reflete uma mudança de mentalidade dos cristãos em relação aos costumes vigentes no século I.
- Eles são expulsos da praça pública (fórum), isto é, do lugar de encontro, centro da vida política da cidade. Há, pois, uma viva interação social e política entre cristãos e pagãos.

b) *Carta a Diogneto*

A *Epístola a Diogneto* é um breve documentário da antiguidade cristã, cujo autor, data e origem constituem ainda objeto de vivas discussões. Dedicado a um ilustre personagem pagão, Diogneto, esse documento de doze capítulos, mais uma exortação final, situa-se entre as mais belas apologias do cristianismo diante do judaísmo e do paganismo. Os críticos modernos, em sua maioria, datam-no da segunda metade do século II. Alguns o atribuem a Panteno, predecessor de Clemente de Alexandria no ensino filosófico em Alexandria e, portanto, refletindo um ensinamento tipicamente alexandrino.

Para exprimir a inserção do cristão na sociedade, o autor fala do "cristão, alma do mundo". O tema ocupa os capítulos 5 e 6 do documento, os quais gravitam ao redor da primeira frase do capítulo 6, 1-6:

> "Para simplificar, o que é a alma no corpo, são no mundo os cristãos. A alma está espalhada por todas as partes do corpo, e os cristãos estão em todas as cidades do mundo. A alma habita no corpo, mas não procede do corpo; os cristãos habitam no mundo, mas não são do mundo. A alma invisível está contida num corpo visível; os cristãos são vistos no mundo, mas sua religião é invisível. A carne odeia e combate a alma, embora não tenha recebido nenhuma ofensa dela, porque esta a impede de gozar dos prazeres; embora não tenha recebido injustiça dos cristãos, o mundo os odeia, porque estes se opõem aos prazeres. A alma ama a carne e os membros que a odeiam; também os cristãos amam aqueles que os odeiam".

O ideal para os cristãos não é, portanto, uma sociedade em que haveria uma classe à parte, formada por eles, separada dos outros homens. O autor, muito pelo contrário, concita Diogneto a não atribuir aos discípulos de Cristo indiferença e frieza para com o mundo:

"Os cristãos, de fato, não se distinguem dos outros homens, nem por sua terra, nem por sua língua ou costumes. Com efeito, não moram em cidades próprias, nem falam língua estranha, nem têm algum modo especial de viver (...). Pelo contrário, vivendo em cidades gregas e bárbaras, conforme a sorte de cada um, e adaptando-se aos costumes do lugar quanto à roupa, ao alimento e ao resto, testemunham um modo de vida social admirável e, sem dúvida, paradoxal. Vivem na sua pátria, mas como forasteiros; participam de tudo como cristãos e suportam tudo como estrangeiros. Toda pátria estrangeira é pátria deles, e cada pátria é estrangeira (...). Obedecem às leis estabelecidas, mas com sua vida ultrapassam as leis" (5,1-10).

Inserção não significa, porém, confinar-se nos limites da sociedade. Eis o paradoxo: presentes na sociedade dos homens, eles a superam sem se afastar dela ou menosprezá-la. Eles se colocam no cumprimento das instituições existentes, mas sem deixarem de estar sintonizados com a vida que é mais que todas elas. Eles se enquadram em todas as estruturas, mas como forasteiros, isto é, sem se deixarem sufocar por tais estruturas. Elas se constituem para eles possibilidades de chegar à riqueza da vida, que é mais do que elas, sem, no entanto, dispensá-las. As estruturas sociais tornam-se, assim, caminho para o Mistério da vida em Deus.

Por isso, o autor declara: "Toda terra estrangeira é pátria para eles e toda pátria, terra estrangeira". Submetem-se às instituições locais na liberdade dos filhos de Deus, pois nada os pode impedir de serem "cidadãos do céu". A exemplo de Cristo, a riqueza do cristão está em amar os que o perseguem, em ser pobre enriquecendo a muitos. Não possui nada e tem abundância de tudo. Seu modo de ser é dispor-se à acolhida de Deus no silêncio misterioso e perturbador da Vida. Esta é a sua paixão e ninguém lha pode roubar. Ela se alimenta do cotidiano em seu corriqueiro e em seus momentos menos habituais.

Em suma, "o que a alma é no corpo, os cristãos o são no mundo". Eles são um povo profundamente inserido no conjunto da sociedade. Usam das coisas do mundo, mas em radical disponibilidade. É-lhes exigida a cada instante uma opção fundamental e decisiva, pois um sublime lugar lhes foi destinado por Deus, do qual eles não podem desertar a não ser negando o sentido deles mesmos na Vida, que é Jesus Cristo. Eles podem ser de fato chamados mártires, testemunhas da verdade.

Fundado nas palavras de Jesus, o autor destaca a Diogneto o essencial a ser vivido pelo cristão, a caridade:

"Se também desejas alcançar esta fé, primeiro deves obter o conhecimento do Pai. Deus, com efeito, amou os homens. Para eles criou o mundo e a eles submeteu todas as coisas que estão sobre a terra. Deu-lhes a palavra e a razão, e só a eles permitiu contemplá-lo. Formou-os à sua imagem, enviou-lhes seu Filho unigênito, anunciou-lhes o reino no céu, e o dará àqueles que o tiverem amado. Depois de conhecê-lo, tens ideia da alegria com que serás preenchido? Como não amarás aquele que tanto te amou? Amando-o, tu te tornarás imitador da sua bondade. Não te maravilhes de que um homem possa se tornar imitador de Deus. Se Deus quiser, o homem poderá. A felicidade não está em oprimir o próximo, ou em querer estar por cima dos mais fracos, ou enriquecer-se e praticar violência contra os inferiores. Desse modo, ninguém pode imitar a Deus, pois tudo isso está longe de sua grandeza. Todavia, quem toma sobre si o peso do próximo, e naquilo em que é superior procura beneficiar o inferior; aquele que dá aos necessitados o que recebeu de Deus, é como Deus para os que receberam de sua mão, é imitador de Deus. Então, ainda estando na terra, contemplarás porque Deus reina nos céus" (10, 1-7).

II

São Justino Mártir

Ao LONGO DO SÉCULO II, os cristãos são sempre mais conhecidos e, muitas vezes, mal interpretados. Daí o surgimento dos Apologetas, intelectuais pagãos convertidos ao cristianismo, que se tornaram ardorosos defensores da fé abraçada. Vão apresentar suas argumentações contra os ataques dos pagãos e mesmo dos judeus, calúnias levantadas contra os cristãos, fomentadas por intelectuais pagãos, como Celso, e por judeus influentes, que consideravam a fé cristã como uma heresia perigosa a ser banida. Surgiram acusações várias, desde o fato de considerarem os cristãos como "ateus" até o extremo de vê-los como promotores de subversão política. Escandalizam-se pelo fato de os cristãos se declararem "imortais".

Os Apologetas irão, então, esforçar-se para tornar conhecido, de modo objetivo, o conteúdo do cristianismo, desmistificando preconceitos perigosos e, sobretudo, em relação aos pagãos, buscando responder objeções mais sofisticadas de nível filosófico. Dentre os Apologetas, destaca-se São Justino, um dos mais importantes, pelo seu conhecimento do judaísmo e pela sua formação filosófica.

1. Traços biográficos

O próprio São Justino fornece, no *Diálogo com Trifão* e na *primeira Apologia*, alguns dados sobre sua vida, antes da conversão. Difícil, no entanto, é discernir o verdadeiro da ficção literária. Temos, contudo, dados bastante interessantes.

Ele nasceu em Flávia Neápolís (= Siquém), hoje Naplus na Samaria. Filho de pais pagãos, muito pouco conhecia do hebraico. Filósofo, como nos relata no Diálogo, converteu-se ao cristianismo, sendo assim um exemplo da conversão de um intelectual no século II.

Como filósofo, ele busca a verdade, frequentando diversas escolas, guiadas por filósofos de tendência estoica, peripatética e pitagórica. Não encontra em nenhuma delas resposta aos seus interrogativos. Entra então em contato com um ancião que lhe apresenta a "única filosofia segura e útil": a verdade cristã. Para São Justino, o cristianismo será a filosofia primordial, alterada e modificada através dos séculos, assumindo novas formas e expressões diferentes, segundo as diversas correntes filosóficas. Estas têm valor enquanto se orientam àquela que é a primeira e que as conduz à verdade total. Por causa dessa sua concepção sobre o cristianismo ele continuará, mesmo depois da conversão, a trazer seu manto de filósofo.

Após ter passado algum tempo em Atenas, ele se fixa em Roma, abrindo aí uma escola onde ensina filosofia a todos os que vinham escutá-lo. Seu desejo é mostrar que o que é buscado por todas as filosofias de seu tempo, o encontro do homem com Deus, realiza-se plenamente na doutrina cristã. Não como resultado do mero esforço do homem, embora este não seja dispensado, mas graças à ação do Espírito Santo.

São Justino morreu mártir, após uma denúncia do filósofo Crescente, por volta do ano 165. Com ele, morreram alguns dos seus discípulos, todos decapitados, consumando assim o martírio na confissão de Cristo.

2. Obras

A atividade literária de Justino foi muito fecunda. Eusébio afirma que ele compôs inúmeras obras (H.E. IV, 18, 1), das quais somente três chegaram até nós: Duas *Apologias* e o *Diálogo com Trifão*. A data do *Diálogo* é posterior à das *Apologias*, uma vez que ele faz referência a elas no capítulo 120 do *Diálogo*. As *Apologias* teriam sido escritas entre 150-160, enquanto o *Diálogo*, entre os anos 155-165.

3. Temas apologéticos de Justino

Em Roma, capital do Império, encontram-se representantes das diversas correntes do pensamento filosófico-religioso e um fervilhar de costumes os mais diversos. São Justino estabelece um diálogo com todos, buscando divulgar e aprofundar o conhecimento do cristianismo. Neste período, de intensa atividade intelectual, ele dirige ao Imperador Antonino, o Piedoso, possuidor de grande interesse por questões filosóficas, sua *Apologia*, apresentando a fé cristã em termos filosóficos, no intuito de lhe chamar a atenção. Lembramos que o imperador é denominado "o piedoso" por causa de sua doçura, retidão e sabedoria, embora no campo religioso tenha perseguido os cristãos. Contamos, assim, com temas orientados para os pagãos, e temas, no *Diálogo com Trifão*, um judeu, de cunho judaico.

a) *Diante dos pagãos*

No confronto com o mundo pagão, São Justino expõe dois grandes temas:

- A antiguidade da Bíblia, na qual ele procura mostrar que ela é a fonte de toda sabedoria. O porta-voz é Moisés, mestre de todos os sábios. Na *primeira Apologia*, tece considerações para demonstrar como Moisés é anterior a Platão, ou melhor, como Platão depende de Moisés. Lemos na 1Apol. 44, 8ss:

"De modo que Platão mesmo ao dizer: A culpa é de quem elege (o mal), Deus não tem culpa, disse isto por ter emprestado (tomado) do profeta Moisés, pois é notório que este é mais antigo que todos os escritores gregos. Em geral, tudo o que os filósofos e poetas disseram sobre a imortalidade da alma e da contemplação das coisas celestes, aproveitaram-se dos profetas, não só para poder entender, mas também para expressar isso. Daí que parece haver em todos algo como germes de verdade (...). Deus constantemente conduz o gênero humano à reflexão e à lembrança, demonstrando-lhe que cuida e usa de providência para com os homens".

- O argumento profético. Justino não se refere aos milagres para sustentar a divindade de Cristo, mas coloca a ênfase nas profecias, talvez por força da proliferação dos mágicos no mundo pagão, que apresentavam coisas fantásticas. Por outro lado, a existência de pitonisas e outras sibilas devia despertá-lo para prestar atenção a todas as profecias.

Primeiramente, apresenta as que foram cumpridas pelo próprio Cristo. Ele fala da concepção virginal de Jesus:

"Foi assim que, naquele tempo, o mensageiro, enviado da parte de Deus à mesma virgem, deu-lhe a boa notícia, dizendo: 'Eis que conceberás do Espírito Santo em teu ventre e darás à luz um filho, que se chamará Filho do Altíssimo, e lhe porás o nome de Jesus, pois ele salvará o seu povo de seus pecados'. Assim nos ensinaram os que consignaram todas as lembranças referentes ao nosso Salvador Jesus Cristo, e nós lhes demos fé, pois o Espírito Santo profético, como já indicamos, disse pelo citado Isaías que o geraria. Portanto, 'por Espírito e força que procede de Deus' não é lícito entender a não ser o Verbo, que é o primogênito de Deus, como Moisés, profeta antes mencionado, o deu a entender" (1Apol. 33, 5s).

Em seguida, Justino fala das profecias que se realizam na vida da Igreja:

"Notai também como se profetiza que pessoas de toda raça de homens deveriam crer nele, que Deus o chama de seu Filho e promete submeter-lhe todos os seus inimigos; ainda como os demônios, enquanto podem, procuram escapar do poder de Deus e soberano de tudo e de Cristo; por fim, como Deus chama todos à penitência antes de chegar o dia do julgamento" (1Apol. 40, 7).

Pelas profecias, Justino busca provar que Jesus Cristo é o Filho de Deus, enviado para transformar e restaurar a humanidade. Sua preocupação é mostrar o cristianismo como revelação do Deus único. Ao mesmo tempo, oferece ao Imperador sugestões práticas, mostrando que os cristãos, longe de constituírem um perigo para a vida social da comunidade romana, seriam os que dariam consistência e solidez, por sua moral séria e severa, cimento espiritual tão necessário à sociedade pagã. Propõe, no entanto, a exigência de que o Imperador renunciasse à pretensão de se erigir como uma divindade e exigir ser honrado como um deus.

b) *Diante do mundo judaico*

É o tema principal do *Diálogo com Trifão*. Este, segundo Eusébio, teria sido o mais célebre dos hebreus daquele tempo. Porém hoje se considera Trifão não como um personagem histórico, mas o protótipo do judeu, assim como ele era concebido naquela época, colocando em seus lábios todas as objeções que os judeus faziam ao cristianismo.

Ademais, a figura do ancião na conversão de Justino é muito significativa. O ancião é uma figura simbólica e indica aquele que revela a verdade religiosa ou filosófico-religiosa. A sibila de Virgílio, por exemplo, é a *"grandaeva sacerdos"*. No *Pastor de Hermas*, a própria Igreja aparece de início sob os traços de uma velha mulher. Para o leitor antigo, o ancião aparecendo na solidão, quadro geral das visões e revelações, representaria uma figura religiosa, e não tanto a de um filósofo.

Se, para o mundo pagão, Justino fala do Deus único, agora para os judeus ele desenvolve, particularmente, a Cristologia. Neste sentido, ele apresenta pontos de reflexão sobre a pessoa de Jesus, de grande valor no testemunho da fé cristã nestes dois primeiros séculos:

- *A cristologia* é, antes de tudo, anúncio de Jesus ao longo da Sagrada Escritura. Justino expõe as profecias que anunciam o Messias, proclamando a realização delas na pessoa de Jesus Cristo, por eles crucificado. Ele busca na Sagrada Escritura o que os judeus suprimiram por causa da referência à morte de Jesus. Para tanto ele não utiliza a Bíblia judaica, mas a Septuaginta. Melhor, usa as antologias, compostas para a catequese, contendo agrupamentos de textos bíblicos segundo um determinado assunto. Encontram-se nas antologias, por exemplo, as provas messiânicas sobre Cristo; os textos antissacrificais; antilegalistas, que refletem as intermináveis discussões com o mundo judaico.

- *O Cristo crucificado* (Diál. 90). Justino busca na Sagrada Escritura dois principais argumentos que anunciam o Cristo sofredor:

1) O sinal da cruz que se encontra prefigurado no Antigo Testamento, principalmente na prece de Moisés, de braços abertos, e na serpente no deserto, elevada em imagem e que salvaria quem a contemplasse:

"Moisés orava a Deus com as mãos estendidas. Hor e Aarão as sustentaram o dia todo, para que elas não se abaixassem por causa do cansaço. Como está escrito nos próprios livros de Moisés, o povo era vencido se essa figura que imitava a cruz cedia um pouco; entretanto, enquanto permanecia nessa forma, Amalec era derrotado. E se o povo tinha forças, era por causa da cruz que as tinha. De fato, o povo levava vantagem não porque Moisés orava dessa forma, mas porque ele formava o sinal da cruz, pois era o nome de Jesus que comandava a batalha".

2) Cita por inteiro o salmo 21, que estaria visando o crucificado: o Messias sofredor na cruz. Ele comenta versículo por versículo, pois para ele, como para uma grande parte dos Santos Padres, as epifanias no Antigo Testamento são epifanias de Jesus Cristo, manifestações de Deus em seu Filho. Esta doutrina decorre, em grande parte, de sua concepção da transcendência de Deus, que se manifesta a nós, de modo especial, por seu Filho:

"Demonstrar-vos-ei que todo esse salmo foi dito em relação a Cristo. 'Ó Deus, ó meu Deus, por que me abandonaste?' predisseram muito tempo atrás o que Cristo deveria dizer. Com efeito, ao ser crucificado, ele disse: 'Deus, Deus meu, por que me abandonaste?' E as palavras seguintes também se referem a coisas que ele deveria fazer. 'Longe da minha salvação as palavras dos meus pecados. Ó Deus meu, gritarei as palavras dos meus pecados. Ó Deus meu, gritarei durante o dia a ti, e tu não me escutarás; gritarei à noite, e não é coisa que eu ignore'. Foi assim que na noite em que ia ser crucificado, tomando consigo três dos seus discípulos, dirigiu-se ao monte chamado das Oliveiras, situado próximo ao templo de Jerusalém, e ali orou, dizendo: 'Pai, se é possível, afaste-se de mim este cálice'" (Diál. 99).

4. A transcendência de Deus

A concepção de Deus em Justino é influenciada pelo livro *Timeu*, no qual seu autor Platão situa Deus distante do mundo visível. Ele chega a essa concepção graças à tradição do médio platonismo, que se reflete claramente no *Diálogo* 3, 5, onde Deus é definido como aquele que é o "mesmo, e da mesma maneira é causa do ser para todos os outros" (Diál. 3, 5).

Esta é a resposta que Justino dá à pergunta: "Mas o que é que tu chamas Deus?", feita pelo ancião. Embora alguns estudiosos sugiram que a palavra Deus *(Theós)* tenha sido uma substituição de "aquele que é" *(to òn)*, o sinal de aprovação do ancião à sua resposta indica que Justino quer manifestar que exista semelhança do conceito do ser de Platão, entendido como Deus, com a fé cristã do ancião. Daí a sua tentativa de chegar ao conceito cristão de Deus, através da concepção platônica da divindade, segundo a qual Deus habita nos espaços superiores, é inteiramente transcendente a todas as "formas" e não constitui apenas a "forma" mais elevada.

Adotada por Albino e pelos platônicos do século II, essa concepção foi assumida também por Justino, que, falando no *Diálogo* de um Deus supraceleste, afirma:

> "Aquele que permanece sempre sobre as esferas celestes, e que por ninguém foi visto, que não falou jamais por si mesmo, nós o conhecemos como Criador do Universo e Pai" (Diál. 56, 1).

Assim, Deus é colocado acima de toda realidade terrestre que não o pode conter, como afirmam Atenágoras e Teófilo, segundo os quais a transcendência de Deus exprimiria justamente o fato de ele não poder ser contido em nenhum lugar.

Estaria Justino falando de um Deus separado do mundo? É justamente o contrário. Ele exprime a maior intimidade possível de Deus com o mundo. Pois Deus se revela em suas criaturas como criador e Pai, no contínuo velamento de si mesmo. Daí o fato de Justino designar a transcendência de Deus com o termo "inefável" *(árretos)*, que aponta para sua inominabilidade e inexprimibilidade: Deus presente em tudo (Criador e Pai), porém, nada o pode conter (Inefável).

A transcendência é vivida pelo ser humano, chamado a se ultrapassar. Ele vive o mistério insondável de sua vida no processo do desvelamento, compreendido como encontro com a verdade (alétheia) de sua existência em Deus. Transcendência ou ultrapassar-se é libertar-se para a vida no crescimento da verdade. A profissão de fé em Deus enraíza-se na própria realidade do homem. A transcendência não é mera afirmação intelectual, é apelo ao inefável divino na superação contínua de si mesmo.

O próprio Justino aprofundará a ideia de um Deus profundamente presente a nós, ao se referir às sementes do Logos, existentes em todos os seres humanos e que orientam a humanidade para a revelação do Logos total, Jesus, o Filho de Deus.

5. Teologia dos sinais da presença do Filho de Deus (*Lógos spermatikós*)

Justino tem, pois, uma visão universalista da Encarnação, sendo ela preparada e se realizando como promessa desde a criação. Não só o Antigo Testamento é uma preparação para o cristianismo, mas igualmente a filosofia grega. Em todos os seres humanos, São Justino descobre a semente do Logos *(spérma tou lógou)*. Esta semente não é só a capacidade ou a aptidão para apreender a verdade, mas é a própria verdade já presente na pessoa humana, manifestando-se na reta ordenação de sua vida. O ponto alto dessas manifestações são os profetas como Moisés e os filósofos como Heráclito e Sócrates:

> "Moisés, que foi o primeiro dos profetas, disse literalmente: "Não faltará príncipe de Judá, nem chefe saído de seus músculos, até que venha aquele a quem está reservado. Ele será a esperança das nações, amarrando seu jumentinho à vinha e lavando sua roupa no sangue da uva'" (1Apol. 32, 1).
> "Nós recebemos o ensinamento de que Cristo é o primogênito de Deus e indicamos antes que ele é o Verbo, do qual todo o gênero humano participou. Portanto, aqueles que viveram conforme o Verbo são cristãos, quando foram considerados ateus, como sucedeu entre os gregos com Sócrates, Heráclito e outros semelhantes; e entre os bárbaros com Abraão, Ananias, Azarias e Misael, e muitos outros, cujos fatos e nomes omitimos agora, pois seria longo enumerar" (1Apol. 46, 3).
> "Portanto, tudo o que de bom foi dito por eles pertence a nós, cristãos, porque nós adoramos e amamos, depois de Deus, o Verbo, que procede do mesmo Deus ingênito e inefável (...). Com efeito, uma coisa é o germe e a imitação de algo, que é feita conforme a capacidade; e outra, aquele mesmo do qual se participa e imita, conforme a graça que também dele procede" (2Apol. 13, 4.6).

Os filósofos, enquanto viveram e regraram suas vidas segundo a reta razão, participam da verdade cristã. Em Cristo, porém, os cristãos chegam à verdade integral e plena.

> "Não é de admirar se eles, desmascarados, procuram também odiosos, e com mais empenho ainda, àqueles que vivem não apenas de acordo com uma parte do Verbo seminal, mas conforme o conhecimento e contemplação do Verbo total, que é Cristo" (2Apol. 3).

a) *A presença do Filho de Deus na criação*

"Seu Filho, o único que propriamente se diz Filho, o Logos coexistente com Deus (synon), e é gerado (gennomenos) antes da criação, quando no princípio criou e ordenou por seu meio todas as coisas" (2Apol. 6, 3).

Esse é um texto que nos faz pressentir o alcance cosmológico do Logos, manifestado mais claramente no *Diálogo* 62, 3, que interpreta a passagem de Gn 1,26 e 3,22. São Justino afirma que a forma plural "façamos o homem... à nossa semelhança" não indica os anjos ou outras criaturas, mas fala da presença do Verbo no ato da criação. O Verbo é considerado emitido, "fruto do seio do Pai, antes de todas as criaturas":

"Para que não deturpeis as palavras citadas e digais o que dizem os vossos mestres, que Deus se dirigiu a si mesmo ao dizer 'façamos', como nós, ao fazer algo, dizemos 'façamos', ou que falou com os elementos, isto é, com a terra e outras coisas de que sabemos que o homem é composto, e a eles disse 'façamos' (...). Mas esse gerado, emitido realmente pelo Pai, estava com ele antes de todas as criaturas e com ele o Pai conversa, como nos manifestou a palavra por meio de Salomão, ao dizer-nos que, antes de todas as criaturas, foi gerado por Deus como princípio e progênie esse mesmo que é chamado sabedoria por Salomão" (Diál. 62, 2ss).

É clara a afirmação da identidade divina do Pai e do Filho: "O Logos coexiste com Deus antes da criação". Não seria, portanto, correto acusar Justino de subordinacionista, como fazem alguns de seus intérpretes. Mesmo quando estabelece a relação do Logos com a criação, ele está visando a economia da salvação. Ele não deseja definir a vida e o modo de geração intratrinitária, quando escreve: "e foi gerado quando no princípio criou e ordenou por seu meio todas as coisas". Ele está descrevendo a relação íntima do Logos com a criação: "No princípio criou e ordenou por seu meio *(di'autou)* todas as coisas".

O Logos não é, pois, um mero instrumento através do qual o Pai cria. É o Pai, unido ao Filho, que cria. O Filho possui um poder, não compreendido como algo outorgado pelo Pai, mas que deriva do Pai e lhe é próprio, uma vez que ele coexiste com o Pai. É a própria vontade de Deus, que nele se concretiza. Donde o fato de uma relação íntima e pessoal do Logos, o Filho de Deus, com o mundo criado.

Para fazer compreender a dimensão cosmológica da Encarnação, Justino emprega o símbolo da cruz, que é, "conforme temos nos escritos de Moisés" e que "Platão tomou pela letra X grega", sinal máximo de seu poder e de sua autoridade:

"Platão, não entendendo que se tratava da figura da cruz, tomou-a pela letra X grega (Xíasma), e disse que o poder que acompanha a Deus estava primeiro estendido pelo universo em forma de X" (1Apol. 55, 2.5).

A cruz, manifestação do poder irresistível do Logos, e cujas pegadas ele encontra por toda parte na realidade criada, torna-se para o homem a lembrança da função criativa e do poder de Cristo no mundo: sinal de sua encarnação. O sinal da cruz, cheio de significado no mundo judaico e na Igreja primitiva, é relacionado por São Justino com o *Timeu* de Platão (36b). Justino busca, portanto, mostrar que o movimento estruturante da vida humana, em sua relação com todo o criado, é expresso pela cruz. O mistério da cruz, revelado na criação, ordena-a ao fato histórico da cruz de Cristo, transformando-o em um evento, que marca para sempre a vida humana.

Desta maneira, toma corpo toda uma grandiosa visão histórica da revelação de Deus através do Logos, Jesus Cristo. Ele cumpre a vontade de Deus na criação e continua sua ação no mundo, anunciando uma nova criação, da qual jamais podemos nos afastar, pois ele penetra, com seu poder, o mundo em todas as suas estruturas:

> "Ele apareceu a Moisés, a Abraão e aos outros patriarcas em geral, conversou com eles, servindo assim à vontade do Pai. Embora tenha vindo para nascer da Virgem Maria como homem, ele é eterno. É nele por primeiro e em seguida por ele que o Pai renovará o céu e a terra. É ele que brilhará em Jerusalém como luz eterna. Ele é o rei de Salém e sacerdote eterno do Altíssimo, segundo a ordem de Melquisedec" (Diál. 113, 4).

b) *O homem em sua relação com o Filho de Deus (Logos)*

Segundo o pensamento de São Justino, a obra da criação foi realizada por meio do Logos: "através do Logos de Deus todas as criaturas foram feitas". Entre elas o homem ocupa um lugar privilegiado e tem, portanto, uma relação toda particular com Deus e com o Logos, o que suscita para ele diversas questões.

Uma delas refere-se ao modo como São Justino interpreta as passagens de Gn 1,26 e 2,7, que constituíam um dos pontos centrais da questão antropológica de sua época. Neste contexto, é importante saber se estes textos, para São Justino, referem-se a uma única ou a duas criações distintas. Primeiramente, perguntamo-nos: fala São Justino explicitamente da presença do Logos na criação do homem? Em caso afirmativo, como é que ele a concebe em sua visão teológica?

■ A única criação: Gn 1,26 e 2,7

Ao abordar a criação do homem, São Justino refere-se ao texto de Gn 1,26 que afirma: "Façamos o homem à nossa imagem e semelhança". Este texto tem uma rica tradição exegética, tanto no seio do judaísmo como fora dele. Fílon, pensador judaico de Alexandria do ano 20 a.C., emprega-o juntamente com Gn 2,7 para descrever a criação do homem ideal. Ele afirma, com efeito, que Gn 1,26 delineia os traços de grandeza do homem, situando-o no mundo, como representante do poder divino, diante das outras criaturas; ao passo que Gn 2,7 narra de que forma o homem foi modelado com o barro e destaca a sua distância de Deus.

À luz dessas duas passagens, a primeira descreveria o homem perfeito, celeste e incorruptível, representado pelo espírito *(nous)*, e a segunda realçaria a criação do corpo humano, sexuado e mortal. Para Fílon, o homem constituiria o elo entre a esfera dos seres inteligíveis e o mundo dos seres materiais e sensíveis, por ser dotado de espírito *(nous)*, feito à semelhança do Logos *(kat'eikon)*.

A concepção de Fílon, da dupla criação, será assumida por Orígenes, que, no entanto, irá desenvolvê-la em outra direção. Ao levar em conta o duplo relato do Gênesis, não fará a distinção filoniana, mas, à luz do pensamento paulino do homem novo e do homem velho, ele estabelecerá o binômio do homem exterior, representado pelo homem carnal, pecador, e do homem interior, isto é, do homem novo, renovado pelo batismo. Ele situa, à maneira do médio-platonismo, corrente filosófica de seu tempo, o homem exterior na ordem do sensível e o homem interior na ordem espiritual.

São Justino irá interpretar de outra maneira a relação entre os dois relatos bíblicos. No *Diálogo* 61, 2 ele cita explicitamente a passagem de Gn 1,26s, e no *Diálogo* 40, 1 faz uma alusão a Gn 2,7, porém, empregando indistintamente os verbos: modelar *(pláttein)* e fazer *(poiein)*, sem introduzir através deles, como o fizera Fílon, uma dualidade na criação do homem. No fragmento *"De Resurrectione"*, atribuído a São Justino, esta união dos textos aparece de modo bem claro. Ele os uniu de tal modo que um explica o outro:

> "A estes (os inimigos da ressurreição da carne) que parecem ignorar a obra de Deus, a origem e a plasmação *(plásin)* inicial do homem... Não diz o oráculo (Gn 1,26): 'Façamos o homem à nossa imagem e semelhança'? Qual? Alude certamente ao homem carnal *(ánthropon sarkikón)*. A seguir diz o oráculo (Gn 2,7): 'E tomou Deus o barro da terra e plasmou o homem'. Vê-se então com clareza que o homem modelado à imagem era carnal".

Neste texto as duas passagens bíblicas são utilizadas para designar o homem carnal, objeto da criação, feito "imagem e semelhança". Para São Justino, o verbo modelar *(pláttein)* não apenas não se opõe ao verbo fazer *(poiein)*, mas o precisa. Os textos se harmonizam entre si na concepção do homem carnal *(ánthropos sarkikós)*, que designa o "homem total", "concreto", criado "à imagem e semelhança".

São Justino, depois de ter citado Gn 1,26, apresenta diversas interpretações do verbo "façamos", apoiando-se em outra passagem de Gn 3,22, onde Deus diz: "Eis que o homem se tornou como um de nós, conhecedor do bem e do mal" (Diál.

62, 1-3). Ele conclui, então, pela presença do Logos na criação do homem. O homem total e concreto, ponto central da combinação de Gn 1,26 e 2,7, é considerado em relação ao Logos. Por conseguinte, desde o início da existência do gênero humano, já se entrevê o aparecimento da nova raça dos cristãos. Na expectativa da realização da promessa do Logos encarnado, o homem vive a sua presença como o despontar nele do homem novo e interior. É a marcha histórica, na força do Logos, para o Logos total. Por isso, ele dirá ao judeu Trifão:

> "Agora, porém, que os que se salvam de vossa raça, se salvam por Cristo e estão ao seu lado, é algo que já deveríeis ter compreendido se tivésseis prestado atenção às passagens da Escritura anteriormente citadas" (Diál. 64, 3).

- O homem foi criado para gozar da "sociedade divina"

São Justino fundamenta a relação original do homem com Deus na relação que este tem com o Logos. Ele afirma que o Logos se achava presente quando Deus criava o homem à sua imagem e semelhança, de tal modo que o homem se tornou semelhante a eles.

Partindo dessas premissas, São Justino tenta resolver o problema da visão de Deus, objeto de discussão nas escolas filosóficas de sua época. No Diálogo, referindo-se ao período em que seguia a corrente platônica, afirma: "Por minha estultícia, acalentava a esperança de logo conseguir contemplar a Deus" (2, 6), esperança que durou até o momento do seu encontro com o ancião que o fez refletir sobre "esta afinidade que temos com Deus" (Diál. 4, 2).

São Justino sustenta que o Logos participou na criação do homem com uma intensidade muito maior que a de simples presença: o Logos, presente à criação do homem, deixou no "homem carnal" a marca de si mesmo. Por isso, a esta altura de sua reflexão, ele se pergunta: "Qual é o parentesco *(suggéneia)* que temos com Deus?" (Diál. 4, 2). Justino não entende este parentesco com Deus como sendo um parentesco de natureza divina, ôntica, mas antes como a recompensa obtida após uma vida virtuosa e justa (Diál. 4, 3), que permite ao homem possuir a contemplação de Deus, graças ao dom do Espírito Santo (Diál. 4, 1):

> "Nem mesmo muitos homens o veem. Para isso, é preciso que se viva com retidão, depois de se purificar com a justiça e todas as outras virtudes. Trifão então perguntou a Justino: Então o homem não vê a Deus por causa de sua semelhança com ele, nem porque tem inteligência, mas porque é sensato e justo? Justino respondeu: Exatamente. E porque tem capacidade para entender a Deus" (Diál. 4, 3).

O Logos acha-se presente em toda parte, mas só o homem possui a capacidade de atingi-lo e de ser por ele introduzido na intimidade divina, na medida em que, vencendo o mal, escolhe uma vida "purificada pela justiça e por todas as outras virtudes". Uma passagem da *Apologia* precisa, ainda mais, esta mesma ideia. Falando da criação, Justino sublinha:

> "Recebemos a crença de que Deus concederá a sua convivência, participando do seu reino, tornados incorruptíveis ou impassíveis, aos homens que por suas obras se mostrem dignos do desígnio de Deus. De fato, do mesmo modo como no princípio nos fez do não ser, assim também cremos que àqueles que escolheram o que lhe é grato, concederá a incorruptibilidade e a convivência com ele, como prêmio dessa mesma escolha" (1Apol. 10, 2s).

E num tom que lembra certa influência estoica, ele irá exprimir esse seu pensamento de um modo relativamente diverso, quando declara que "os bons, que viverem segundo Cristo, estes serão felizes com Deus *(en apátheia)*" (2Apol. 1, 2). Lembremo-nos de que, no ambiente estóico, o termo *"apátheia"* indicava a calma da alma, a sua impassibilidade. São Justino aplica este significado a Deus, para sublinhar sua transcendência e, à semelhança dos estoicos, perceberá na conformidade do homem com essa *"apátheia"* sua assimilação a Deus: "nós nos consagramos ao Deus não gerado e imune do sofrimento" (1Apol. 25, 2).

No *Diálogo* 124, 4, ele acentua o mesmo conceito, dizendo: "Os homens que se tornaram semelhantes a Deus, impassíveis e imortais como Ele, recebem este atributo como recompensa por terem vivido uma vida segundo Cristo". A *segunda Apologia* 13, 3 coloca essa vida segundo Cristo em uma perspectiva universal, ligando-a "à Razão divina disseminada pelo mundo". E ele é incisivo ao afirmar que, seguindo o Verbo disseminado pelo mundo, todos os homens:

> "Dotados de livre-arbítrio e autonomia, quis Deus que cada um fizesse aquilo para o qual foi por ele capacitado e, caso escolhessem o que lhe é agradável, iria mantê-los isentos de morte e castigo. Caso, porém, cometessem o mal, castigaria cada um como lhe aprouvesse" (Diál. 88, 5).

Do que acima foi exposto, pode-se constatar que, ao considerar o homem, São Justino segue uma linha bem clara de pensamento. Ao estudar a criação do homem por Deus, ele realça a existência de uma relação profunda do homem com o Logos. De tal modo que, caso mantenha uma vida justa e virtuosa, o homem poderá ser enriquecido pelo Filho de Deus encarnado, e participará de suas qualidades e de sua luz. Ele será inserido na "sociedade de Deus". Mais tarde, dirá Santo Irineu, o homem irá se assemelhando progressivamente ao Filho de Deus, nascido de Maria.

Ademais, esta relação especial com o Logos oferece ao homem a possibilidade de inserir-se no mundo criado por Deus, tendo aí uma função própria, concedida pelo Criador de todas as coisas.

■   O homem, centro do cosmos

Segundo a doutrina exposta por São Justino, a criação do mundo por Deus não é resultado de uma ação divina necessária, mas é a manifestação de sua pura bondade. A criação exprime a bondade de Deus, entendida no sentido de que Deus não apenas a quis para o homem, mas que o homem fosse igualmente o "lugar" privilegiado, situado entre o mundo e o Logos, o mediador universal.

a) O mundo é criado para o homem. O mundo não foi criado por acaso, mas com um objetivo bem preciso. São Justino repete, por diversas vezes, que ele foi feito "para os homens". Há uma diferença essencial entre o pensamento estoico e a concepção de São Justino, segundo a qual o mundo criado é considerado bom, e isto por causa do homem, que torna Deus presente em sua virtude e em sua bondade. O mundo, portanto, não pode ser contemplado isolado do homem, que tem nele uma missão específica. O homem não é, no dizer dos estoicos, uma simples parte, embora privilegiada, do universo.

Para São Justino, situado no interior do universo, torna-se o lugar, por excelência, do diálogo entre Deus e o universo. Por isso, unicamente o homem, mais exatamente aquele que aceitou e testemunha a verdade, pode ser considerado o sacerdote do Universo.

b) O homem é o lugar de encontro entre o mundo e o Logos. Depois de ter analisado a posição do homem no mundo, São Justino focaliza o Logos, ao afirmar:

> "A Eucaristia que nosso Senhor Jesus Cristo mandou oferecer em memória da paixão que ele padeceu por todos os homens que purificam suas almas de toda a maldade, para que juntos demos graças a Deus por ter criado o mundo e por todo o amor que há nele pelo homem, por nos ter livrado da maldade na qual nascemos e por ter destruído completamente os principados e as potestades através daquele que, segundo seu desígnio, nasceu passível" (Diál. 41, 1).

Para proceder metodologicamente, procuraremos considerar, em primeiro lugar, o que para São Justino significa a expressão "purificados", enquanto aplicada ao homem.

1. O homem, um ser libertado

Em um contexto eucarístico Justino esclarece o termo "purificado" afirmando "demos graças a Deus... por nos ter libertado do mal" (Diál. 41, 1). Para ele, "ser purificado" corresponde a "ser libertado", libertado "dos principados e das potestades". De tal sorte, diz ele, que "se praticas as virtudes, das trevas se levantará a tua luz (phos sou)" (Diál. 15, 5).

São Justino apresenta, assim, dados preciosos sobre o modo como os homens de todos os tempos e de todos os lugares puderam e podem obter esta libertação-purificação-iluminação. Diz ele que semelhante obra maravilhosa se realiza "graças à semente do Verbo que é congênita a toda a raça humana" (2Apol. 8, 1). Na medida em que o homem vive segundo a "semente do Verbo", ele se liberta e liberta os outros, como demonstra o comportamento, sobretudo dos profetas (Diál. 85, 4; 42, 4), mas que também se revela no proceder dos filósofos, dos poetas e dos escritores (2Apol. 8, 1):

> "Sabemos que alguns que professaram a doutrina estoica foram odiados e mortos. Pelo menos na ética eles se mostram moderados, assim como os poetas em determinados pontos, por causa da semente do Verbo, que se encontra ingênita em todo o gênero humano".

Essa participação do Verbo, porém, é apenas parcial. Pode-se falar de uma parcial libertação que se tornará plena "naqueles que vivem não apenas de acordo com uma parte do Verbo seminal, mas conforme o conhecimento e a contemplação do Verbo total, que é Cristo" (2Apol. 8, 3).

Essa adesão definitiva do homem à verdadeira luz, ao Verbo total, é consagrada pelo batismo. Este comunica a luz em toda a sua plenitude, da qual aquele que é batizado já antes participava parcialmente, enquanto possuía a "semente do Logos". Agora, instruído na verdadeira filosofia e batizado, ele pode se considerar, um "iluminado".

2. O batismo como iluminação

Tudo indica que foi São Justino o primeiro dos autores cristãos a empregar o termo iluminado (*photismós*) para indicar o batismo. Ele é a realidade sacramental que realiza, no homem, a passagem visível das trevas para a luz de Cristo. Iluminado no espírito pela verdade, o batizado é subtraído às trevas e ao domínio dos principados e das potestades. Com o batismo, o homem é libertado-purificado-iluminado para poder inserir-se na "nova raça" da qual Cristo é o "princípio". São Justino situa o cristão, por ação de Cristo, no estado de uma nova criação. Segundo seu pensamento, os cristãos são homens "renovados", pois receberam a "regeneração" (1Apol. 61, 3.10.12):

> "Depois os conduzimos a um lugar onde haja água e pelo mesmo banho de regeneração com que também nós fomos regenerados eles são regenerados, pois então tomam na água o banho em nome de Deus, Pai soberano do universo, e de nosso Salvador Jesus Cristo e do Espírito Santo" (n. 3). "Não continuamos a ser filhos da necessidade e da ignorância, mas da liberdade e do conhecimento e, ao mesmo tempo, alcançamos o perdão de nossos pecados anteriores" (n. 10). "Esse banho

chama-se iluminação, para dar a entender que são iluminados os que aprendem estas coisas" (n. 12).

A questão que ora se levanta é saber se esta purificação se refere exclusivamente à alma ou se estende-se a todo o corpo.

3. A Eucaristia, libertação do homem todo

Para São Justino, a presença do Logos, na criação de todas as coisas, é inseparável da libertação do homem. A relação íntima do homem com Cristo, o Filho de Deus encarnado, é destacada na *primeira Apologia*, cuja análise leva a compreender o pensamento de São Justino quanto ao âmbito da libertação do homem.

Num contexto eucarístico, ele declara:

> "De fato, não tomamos essas coisas como pão comum ou bebida ordinária, mas da maneira como Jesus Cristo, nosso Salvador, feito carne por força do Verbo de Deus, teve carne e sangue por nossa salvação, assim nos ensinou que, por virtude da oração do Verbo que procede de Deus, o alimento sobre o qual foi dita a ação de graças, alimento com o qual, por transformação *(katà metabolén)*, se nutrem nosso sangue e nossas carnes, é a carne e o sangue daquele mesmo Jesus encarnado" (1Apol. 66, 2).

A expressão por transformação *(katà metabolén)* parece indicar uma "transformação", que, no texto em pauta, incluiria também o homem "corporal", pois, na medida em que adere ao bem, isto é, a Deus, Bem supremo, ele atinge uma mudança total, tanto corporal como moral e espiritual. Portanto, Justino fundamenta a possibilidade de uma mudança no homem, que abrange todo seu ser, graças à aceitação ou rejeição de uma vida orientada para Deus. Esse ordenamento, base do texto em que fala da criação à imagem e semelhança de Deus, consiste na adesão da vontade humana à Verdade total, que é Jesus Cristo.

A transformação depende, essencialmente, da relação do homem com o Filho de Deus em clara correspondência com o mistério da Encarnação e da Eucaristia: o alimento consagrado é "carne e sangue de Jesus encarnado". O realismo é ainda mais bem precisado por ele ao fazer a comparação entre a carne e o sangue de Cristo e o "nosso sangue e as nossas carnes". Para distinguir as expressões que se referem a Cristo e ao homem, Justino inverte os termos e fala de "sangue e carnes" ao invés de "carne e sangue", como também emprega o plural "carnes", referindo-se especificamente ao homem. Dessa maneira, ele afirma que nossa humanidade, isto é, a carne e o sangue foram assumidos pelo Verbo divino, o Filho de Deus encarnado, Cristo Jesus.

Chega-se assim à misteriosa conclusão de que pela recepção do Verbo encarnado, que se tornou alimento consagrado, Eucaristia, realiza-se uma verdadeira transformação no homem. Transformação não apenas na alma, mas no homem integral, no homem total (*ántrhopos sarkikós*).

Processa-se uma renovação e recriação em que a pessoa humana é reintegrada em sua verdadeira relação com o Filho de Deus. E a vida cristã apresenta-se como um modo de viver enraizado no batismo, cuja libertação-iluminação é celebrada, aos domingos, na Eucaristia. O cristão cumpre, assim, sua função específica de sacerdote do cosmos. E afirma que o mistério eucarístico da transubstanciação só é compreensível ao cristão caso ele se encontre no contínuo processo de transformação integral do seu ser em Cristo.

4. O ser humano libertado, sacerdote do universo

O destino e a finalidade do mundo se acham ligados aos do homem, de tal modo que se pode dizer que, na medida em que liberta a si mesmo dos principados e das potestades, ele torna o próprio universo partícipe dessa libertação.

Este alcance cósmico da libertação do homem constitui o elemento fundamental de sua função de sacerdote. E, segundo São Justino, a realização dessa função se desenvolve de modo orgânico através da acolhida da verdade, que tem seu momento central e privilegiado na sua consagração a Deus. No cap. 25, 2 da *primeira Apologia*, por exemplo, ele declara:

> "Nós nos consagramos ao Deus não gerado e imune de sofrimento, o Deus em quem acreditamos".

Essa ideia de consagração já era comum na antiguidade, na qual as religiões tinham dividido o ser humano na dupla esfera do sagrado e do profano. O sagrado era considerado o intermediário entre o mundo profano e o mundo divino, melhor dizendo, o ponto de encontro do mundo profano com o divino. Graças ao sagrado, o profano era introduzido no mundo divino e o divino transformava e elevava o profano. Por conseguinte, "consagrar" queria dizer reservar algo para Deus, de modo que o consagrado era considerado o lugar da presença divina e o instrumento de comunicação do profano com o divino.

A ideia de consagração a Deus era aplicada, sobretudo, às coisas, aos objetos de culto, às imagens. Neste sentido, São Justino faz alusão às imagens erigidas aos imperadores romanos que serão mais tarde deificados pelo povo. Excetuando, porém, esta alusão, ele emprega o verbo "consagrar", não para indicar um objeto que se tornou "ex-voto", mas para se referir ao próprio homem. Afirma ele que todos os homens indistintamente, gentios ou não, têm a possibilidade de se consagrar a Deus, e os que o fazem não o realizam por virtude própria, mas "graças a Cristo, ao Deus não gerado" (1Apol. 49, 5). Para os cristãos, o meio privilegiado é o batismo, onde, "renovados por Cristo, nos consagramos a Deus" (1Apol. 61, 1):

> "Explicaremos agora de que modo, depois de renovados por Jesus Cristo, nos consagramos a Deus, para que não aconteça que, omitindo este ponto, demos a impressão de proceder um pouco maliciosamente em nossa exposição (...). Depois os conduzimos a um lugar onde haja água e pelo mesmo banho de regeneração com que também nós fomos regenerados eles são regenerados, pois então tomam na água o banho em nome de Deus, Pai soberano do universo, e de nosso Salvador Jesus Cristo e do Espírito Santo" (1. 3).

É admirável sua insistência sobre o primado da mediação de Jesus Cristo, o qual confere aos cristãos, consagrados ao Deus bom e não gerado, o encargo por excelência de exercer, pelo batismo, a função de sacerdote do cosmos. A descrição pormenorizada de como o homem exercerá esta sua função encontra-se principalmente nos textos eucarísticos.

São Justino estabelece, assim, um nexo sempre maior e mais profundo entre o batismo e a Eucaristia, o que os levará a formar um todo denominado "iniciação cristã". Pela Eucaristia, situada no centro da vida cristã, o cristão participa de todas as coisas criadas por Deus. Não são elas que passam a fazer parte do sagrado, mas é o homem que, penetrando na obra de Cristo, assume todo o criado, santificando-o "com louvores verdadeiros e espirituais, e ações de graças (*eucharistías*)" (Diál. 118, 2):

> "Ainda hoje continuais dizendo teimosamente que Deus afirma que não receberia os sacrifícios que lhe eram oferecidos em Jerusalém pelos israelitas que naquele tempo a habitavam; mas que aceitava as orações que lhe faziam os homens daquele povo que se encontravam na dispersão. E essas orações é que são chamadas de sacrifícios. Concordo que os louvores verdadeiros e espirituais e ações de graças feitas por homens dignos são os únicos sacrifícios perfeitos e agradáveis a Deus".

Em sua reflexão sobre a Eucaristia, ele distingue duas dimensões: uma "ativa", que compreende o ato de oferecimento e de louvor (*eucharistein*), e outra, "passiva", que se refere aos elementos oferecidos. Assim a Eucaristia, de um lado, significa o rito através do qual se faz um oferecimento a Deus para louvá-lo, em sinal de gratidão, e, de outro, indica as ofertas, objeto do rito.

Na Eucaristia, o cristão, em sinal de louvor e de gratidão a Deus, assume por meio das ofertas a realidade criada e a apresenta a Deus, reconhecendo assim o domínio divino sobre toda a criação. Realiza-se o verdadeiro destino do mundo criado, chegar pelo homem a Deus. O mundo não é, como em algumas outras religiões da época, uma realidade sagrada, colocada à parte. Sem abandonar sua condição profana, ele é santificado e reconhecido como obra criada por Deus e dedicada, explicitamente, mediante a Eucaristia, a ele, criador do universo.

Essa celebração é realizada no dia do sol (1Apol. 67, 7):

> "Celebramos essa reunião geral no dia do sol, porque foi o primeiro dia em que Deus, transformando as trevas e a matéria, fez o mundo, e também o dia em que Jesus Cristo, nosso Salvador, ressuscitou dos mortos. Com efeito, sabe-se que o crucificaram um dia antes do dia de Saturno e no dia seguinte ao de Saturno, que é o dia do Sol, ele apareceu a seus apóstolos e discípulos, e nos ensinou essas mesmas doutrinas que estamos expondo para vosso exame".

O sol, rico de significado em todo o mundo antigo, acha-se presente com bastante destaque na perspectiva geral de São Justino. Segundo ele o cristianismo não é uma novidade total ou uma simples religião entre as outras, mas é aquela que abrange a humanidade inteira, não rejeitando nada daquilo que o espírito pré-cristão tinha encontrado de justo, bom e digno.

Ao mesmo tempo, no entanto, ele se recusa a aceitar o que é contrário à doutrina cristã, de modo a destronar o deus sol e afirmar assim a plena transcendência de Deus. Sendo Deus a origem do sol, ele se revela aos pagãos como o criador supremo. Justamente para comemorar esse "dia em que Deus, mudando as trevas e a matéria, plasmou o mundo" os cristãos se reúnem e elevam ações de graças. O homem libertado, pela eucaristia, como sacerdote do universo, apresenta o universo a Deus.

Os cristãos se reúnem no domingo não só por ser o primeiro dia da criação, mas, como explicita o texto, por ser o dia "em que Jesus Cristo, nosso Salvador, ressuscitou dos mortos". É o dia no qual se comemora a ressurreição de Cristo, que inaugurou a nova criação, libertada do poder do mal e dos demônios. Ele "é antes do sol", e se a "fé no sol" não leva ninguém a enfrentar a morte, "a fé no nome de Jesus", pelo contrário, permite aos cristãos tudo sofrerem para não o negar, pois "a sua palavra de verdade e de sabedoria é mais ardente e luminosa que as forças do sol":

> "Outrora Deus permitiu que o sol fosse adorado. Contudo, não se vê que alguém estivesse disposto a morrer por sua fé no sol; em troca, pelo nome de Jesus, facilmente vemos como gente de todos os tipos de homens suportaram isso e suportam tudo em vez de renegá-lo. É que a palavra da sua verdade é mais abrasadora e luminosa do que o poder do sol, e penetra as profundidades do coração e da inteligência. É por isso que a palavra diz: 'Acima do sol se levantará o seu nome'. E em outra passagem Zacarias diz: 'O seu nome é Oriente'" (Diál. 121, 2).

Os cristãos realizam o maravilhoso retorno do mundo criado a Deus justamente por serem eles "a verdadeira raça arquissacerdotal" (Diál. 116, 3), que os capacita a oferecer, em todo lugar, sacrifícios agradáveis e puros a Deus, pois, conclui Justino: "Deus não aceita sacrifícios a não ser de seus sacerdotes" (ibid.):

> "Nós, abrasados pelas palavras do seu chamamento, somos a verdadeira descendência dos sumos sacerdotes de Deus, como o próprio Deus o atesta, dizendo que em todo lugar nas nações nós lhe oferecemos sacrifícios agradáveis e puros. Ora, Deus não aceita sacrifícios de qualquer um, a não ser de seus sacerdotes".

Na qualidade de sacerdote por excelência do mundo criado por Deus, o cristão recebe o mandato e o poder de apresentar a realidade criada por Deus através do seu Filho Jesus, de cuja obra mediadora ele é investido. Nessa perspectiva poder-se-ia ver já esboçada a doutrina da "recapitulação", desenvolvida mais tarde por Santo Irineu de Lyon.

III

Santo Irineu de Lyon

1. Dados biográficos

Nós o encontramos em 177 como bispo da Igreja de Lyon, no sul das Gálias. De origem asiática, fora discípulo de São Policarpo, o velho bispo de Esmirna. A Igreja de Lyon mantinha relações seguidas com as Igrejas da Frígia e da Ásia Menor e com a Igreja de Roma. Estes dois centros exercem um importante papel no pensamento e na vida de Santo Irineu. Referindo-se a São Policarpo, ele escreve:

> "O que eu aprendi enquanto criança, cresceu com minha alma e se fez um com ela, de tal modo que eu posso dizer o lugar onde se assentava o bem-aventurado Policarpo para falar, como ele entrava e saía, seu modo de viver, seu aspecto físico, os diálogos que mantinha com a multidão, como relatava suas relações com João e com os outros que viram o Senhor, como recordava suas palavras e as coisas que ele ouvira deles acerca do Senhor, de seus milagres, de seu ensinamento; como Policarpo, depois de ter recebido tudo isto de testemunhas oculares da vida do Verbo, relatava-o de acordo com as Escrituras" (Adv. H. 20, 6).

Santo Irineu sucedeu ao bispo de Lyon chamado Fotino, morto como mártir durante a perseguição de Marco Aurélio, cujo relato temos na *carta dos mártires de Viena e Lyon* a seus irmãos da Ásia. Desde cedo ele se dispõe à evangelização e ao combate ao gnosticismo. Por volta dos anos 190-191, ele intervém junto ao papa Vítor para exortá-lo a propósito da controvérsia pascal e escreve aos bispos da Ásia, para que tenham sentimentos de paz.

Nós o honramos como mártir. Gregório de Tours (540-594) é quem o enumera entre os mártires, assim como São Jerônimo (342-420). São testemunhas, no entanto, tardias; nós, porém, não temos provas cabais que nos permitam afirmar ou negar tal possibilidade. O que sabemos é que a cidade de Lyon tinha aberto suas portas aos partidários de Albino, competidor de Septímio Severo ao trono imperial. Este o vence. Em represália, muitas cabeças lionesas tombaram e a própria cidade declina, enquanto as cidades vizinhas de Arles e Viena terão maior importância que Lyon. Em meio a tantos transtornos, a morte de Santo Irineu pode muito bem ter passado despercebida.

Por ter sido o primeiro escritor cristão a apresentar uma visão de conjunto da doutrina cristã, ele recebe o título de doutor da Igreja.

2. Obras

Através de alguns manuscritos, temos o conhecimento de diversas obras que ele teria escrito. Chegaram-nos, porém, às mãos, principalmente três delas:

a) *Adversus Haereses*. Chama-se assim a obra, cujo verdadeiro título é: "A falsa gnose desmascarada e refutada". Nós a possuímos por inteiro, conservada numa versão latina de autor desconhecido, mas cuja tradução é tão próxima do grego que se pode, com bastante segurança, recuperar o texto original.
Santo Irineu escreveu esta obra a pedido de um amigo, que queria conhecer o sistema gnóstico de Valentim, heresia combatida por Santo Irineu, em seu sentido geral. A Tradição sempre se manteve em vivo contraste com o erro gnóstico, que fazia da revelação pessoal, e não a que era transmitida pela Igreja, a chave de compreensão da Sagrada Escritura.
b) *Demonstração da Pregação Apostólica*. Esta obra visa apresentar e justificar o ensinamento dos Apóstolos. É uma verdadeira "apologia para os cristãos". Não sendo propriamente uma catequese no sentido estrito, não deixa de ser uma espécie de catecismo superior, para adultos. Seu texto original chegou até nós numa versão armênia.
c) *Carta a Florino*. Foi ele também discípulo de São Policarpo e sacerdote da Igreja de Roma. Todavia, quando Santo Irineu lhe escreve, ele já havia abandonado a fé cristã pelo gnosticismo.

3. Visão histórica e universal da salvação

Em sua visão antropológica, os gnósticos sustentavam a dupla criação do homem: o homem feito a partir da argila e que se opõe ao homem espiritual, criado à imagem e semelhança de Deus. Para alcançar a salvação, ele deveria rejeitar a matéria e o mundo material, o que é rebatido por Santo Irineu, que apresenta a salvação, não como um libertar-se do mundo, mas sim um libertar o mundo do mal e do pecado.

A libertação do homem, inserido no mundo, realiza-se justamente no interior de um processo histórico, que abrange quatro tempos: o tempo antes de Abraão, sob Adão e Noé, regido pela lei natural; o segundo, iniciado com Abraão, cuja vocação constitui a encruzilhada da história, e que é definitivamente aberto com Moisés, ao dar ao povo uma lei, considerada como necessária; o terceiro tempo, preparado pela lei, tem uma função educativa. É o tempo da vinda de Cristo. Santo Irineu fala, então, da novidade total do cristianismo, declarando a instauração de uma nova criação, com o início do que ele denominará de recapitulação. A renovação completa-se no quarto tempo, o da Igreja, culminando com o retorno do Senhor. Esses quatro tempos são compreendidos paralelamente às quatro formas de atividade do Senhor no curso dos tempos: o brilho da divindade sob os Patriarcas, a ação sacerdotal sob a Lei, a humildade na Encarnação e o dom do Espírito Santo na Igreja.

Através dessa visão histórica, Santo Irineu procura mostrar contra os gnósticos que o mesmo Deus é o autor do Antigo e do Novo Testamento. Há uma história em diversos tempos. Os heréticos, segundo ele, confundem "história" e "etapas". O Antigo Testamento é a preparação para a Encarnação de Jesus Cristo, o que aponta para a insuficiência da Lei. O tempo que precede Cristo é uma pura expectativa; é o tempo de uma lenta ascensão que prepara o homem para receber o Verbo encarnado, Jesus Cristo.

Por isso, afirma Santo Irineu que, a respeito da mensagem recebida, a Igreja tem três deveres: a fidelidade em guardar a fé, a adesão à fé e a transmissão, ou seja, proclamar, ensinar e transmitir os ensinamentos do Senhor:

> "A Igreja que está presente por toda a terra e até as extremidades do mundo, recebeu dos Apóstolos e dos discípulos a fé num único Deus, o Pai todo-poderoso, que fez o céu, a terra, o mar e tudo quanto eles contêm, num único Jesus Cristo, o Filho de Deus, encarnado para nossa salvação, e no Espírito Santo, que ensinou pelos profetas os desígnios de Deus. Professa, pois, a vinda de nosso bem-amado Jesus Cristo nosso Senhor, seu nascimento de uma virgem, sua paixão e sua ressurreição dentre os mortos, sua ascensão corporal aos céus, sua vinda na glória do Pai, para recapitular todas as coisas e ressuscitar toda carne do gênero humano, para que, diante de Jesus Cristo nosso Senhor, Salvador e Rei, todo joelho se dobre no céu, na terra e nos infernos, e toda língua o confesse, e ele exerça sobre todos seu justo julgamento". "Esta pregação que ela recebeu, e esta fé que apresentamos, a Igreja, permanecendo presente no mundo inteiro, a guardou escrupulosamente, como se ela vivesse numa única morada. E igualmente ela creu em todos estes artigos, como se ela fosse uma única alma e um único coração. Ela anuncia esta fé de modo coerente, ela a ensina e a transmite, como se ela fosse uma única boca". "Mesmo se no mundo sejam muitas as línguas, a virtude da Tradição é uma e idêntica. Nem as Igrejas que foram fundadas na Germânia, ou na Espanha, ou junto aos celtas, nem as do Oriente, do Egito ou da Líbia, nem as que estão no centro do mundo diferem quanto à fé ou Tradição. Assim como o sol criado por Deus é único e o mesmo no

mundo inteiro, a pregação da Verdade resplandece por toda parte, e ela ilumina todos os homens que querem chegar ao conhecimento da verdade". "Ninguém amplia a fé falando muito, e ninguém a diminui falando menos, pois a fé é uma e idêntica" (Adv. Haer. I, 10ss).

4. Doutrina da recapitulação em Jesus

Santo Irineu oferece uma visão histórica do homem e do mundo orientados para Cristo. Nele tudo é reassumido, isto é, tudo quanto foi começado em Adão é recapitulado em Cristo. O mundo é o quadro no qual se desenrola esta história de Cristo:

"Ao se encarnar e se tornar homem, Jesus recapitulou nele mesmo a longa série dos homens e nos proporcionou a salvação reunindo-nos em sua carne. O que tínhamos perdido em Adão, isto é, a imagem e semelhança de Deus, o recuperássemos em Cristo Jesus" (Adv. Haer. III, 18, 1-2). Em Cristo, o homem reconhece que "Deus é a glória do homem e o homem é o receptáculo da obra, de toda a sabedoria e do poder de Deus" (Id. III, 20, 2).

a) *O termo recapitulação*

Para São Paulo, toda a lei se resume no preceito da caridade (Rm 13,9). A caridade recapitula em si todas as leis do Antigo Testamento, de tal modo que quem a vive realiza tudo quanto foi preceituado, levando a lei à plenitude. Compreende-se, então, por que o cristão ama não só os que o amam, mas também os que o perseguem. No amor, o cristão cumpre em plenitude os mandamentos, e ao cumpri-los, ele se experimenta totalmente livre.

O termo recapitular significa resumir, mas com a conotação clara de levar à plenitude. Em Ef 1,10, o termo aplica-se à obra salvífica de Cristo: O desígnio de Deus concernente à plenitude dos tempos "é reunir em Cristo todas as coisas, as que estão nos céus e as que estão na terra".

Cristo restaura a unidade do plano de Deus, reunindo em si judeus e gentios, escravos e livres, e assumindo os poderes cósmicos. Tudo retorna a ele como o ponto de harmonia de todo o universo. Assim, o termo recapitulação (*anakephalaíosis*) indica o primado de Cristo como Senhor da criação inteira. Nele está a razão de ser de todas as criaturas, que por ele chegam ao seu verdadeiro sentido. Em Cristo, a criação alcança sua unidade e realização plena.

Desse modo, o termo assume, em seus escritos, uma forte ressonância escatológica, em que a recapitulação é considerada o dinamismo da história, ao mesmo tempo, a meta para a qual ela se orienta:

> "Recapitulou todas as coisas em si para que ele, que como Verbo de Deus tem a primazia entre os seres celestes, espirituais e invisíveis, a tivesse também entre os seres visíveis e corporais, e para que, ao assumir em si esta primazia e ao tornar-se cabeça da Igreja, atraísse a si todas as coisas, no tempo oportuno" (Adv. Haer. IIII, 16, 6).

Coroando toda a Economia divina, o Cristo, como Filho de Deus, revela-nos que o plano previsto pelo Pai, para seus filhos, era dar a todos a possibilidade de viver uma verdadeira filiação na Pessoa de seu Filho. A recapitulação se exprime na redenção salvadora e postula a divinização do homem como filho de Deus. É o caminho pascal da humanidade:

> "Se Jesus caminhou voluntariamente para a morte, não foi para diretamente oferecer ao Pai um 'sofrimento' igual ao que foi acumulado pela dívida devida ao pecado, mas para reencontrar o Pai, realizando assim o primeiro 'caminho pascal'. Esta Páscoa, rompendo o muro da morte, estabelece a comunhão com o Pai e abre o caminho de acesso à vida divina. Atualmente, permanecendo junto ao Pai, o Cristo, 'Mediador universal e único sumo Sacerdote' não deixa jamais de ser a 'Cabeça' (a recapitulação) da Humanidade. É ele que, sempre, 'dirige e vivifica' seu Corpo, principalmente pela Igreja, encarregada por ele de difundir seu Evangelho e de tornar presente, por toda parte, sua Pessoa graças aos sacramentos" (Adv. Haer. IV, 10, 1s).

b) *A recapitulação histórica em Jesus*

Para Santo Irineu, como para São Justino, a história é o lugar das intervenções do Verbo, o Filho de Deus, cujo ponto máximo será a sua vinda entre nós no mistério da Encarnação. Três elementos complementares nos proporcionam uma visão mais completa do tema:

■ A "concisão" (*syntomía*)

Este elemento está presente, de modo particular, no debate nascido entre cristãos e judeus a respeito de Cristo como o Messias. Para os cristãos, não é um entre outros, é seu nome próprio que recapitula todos os demais. Ele desempenha de modo definitivo a função real e sacerdotal e realiza a esperança escatológica de Israel, recapitulando em sua pessoa a lei e os profetas:

"De múltiplas maneiras, ele dispôs o gênero humano em vista da "sinfonia" da salvação. Por isso, João diz no Apocalipse: 'E sua voz era como a voz de múltiplas águas'" (Adv. Haer. I, 25, 1).

Na obra *Demonstração da pregação dos Apóstolos (Epideixis)*, Santo Irineu procura demonstrar a superioridade do cristianismo, partindo do mandamento da caridade, conciso e perfeito. E, numa alusão à multiplicidade dos preceitos e normas do mundo judaico, ele realça a unidade e a simplicidade do cristianismo. Está subjacente a mentalidade grega de que a unidade é superior à multiplicidade, que é uma decadência daquela. O passado é reunido, não no aglomerado de elementos, mas na totalidade de uma plenitude, em que cada elemento se supera no seu próprio desabrochar.

Logo após, ele se refere à humanidade desde Adão, que, em seu desenvolvimento histórico, foi assumida por Jesus. Ele lhe confere a salvação "em um resumo". Pois Jesus Cristo "recapitula nele todo o sangue derramado desde a origem de todos os justos e de todos os profetas". Sua vinda condensa e plenifica todas as intervenções anteriores:

> "O Senhor, primeiro nascido dentre os mortos, retomando nele mesmo seus antigos pais, os fez renascer à vida de Deus; tornou-se o príncipe dos mortos. Por isso Lucas começa sua genealogia pelo Senhor, e remonta a Adão, para mostrar que não são os antigos pais que deram a vida a Cristo, mas foi Cristo que os fez renascer para o evangelho da vida" (Adv. Haer. III, 22, 3-4).

■ A recapitulação

Elemento exposto nas obras: *Adversus Haereses* e *Epideixis*. Em Cristo manifesta-se o poder de recapitulação da história dos homens, e o seu Evangelho resume em plenitude os Testamentos anteriores, o de Noé, o de Abraão e o de Moisés:

> "O quarto Testamento renova o homem e recapitula tudo nele; é o Testamento do Evangelho que eleva o homem e o conduz sobre suas asas até o Reino celeste" (Adv. Haer. III, 11, 8).

Paralelamente, Santo Irineu refere-se a Jesus, que recapitula em si o gênero humano, criado e assistido por ele, no correr de toda sua história.

É o tema paulino da recapitulação: a humanidade toda é reconduzida por Cristo a sua unidade primitiva. Realiza-se assim a salvação dos homens, seja temporalmente (72 gerações), seja espacialmente (72 nações):

"Lucas mostra que a genealogia, que vai do nascimento de Nosso Senhor a Adão, comporta setenta e duas gerações pelas quais ele une o fim ao começo. Ele dá a entender que o Senhor é Aquele que recapitulou nele todas as nações dispersas a partir de Adão, todas as línguas e as gerações dos homens" (Adv. Haer. III, 22, 3).

Não se deve esquecer que o número 72, segundo Gn 10, designa a totalidade da humanidade. Na *Epideixis*, para também demonstrar a grandeza do cristianismo, Santo Irineu estabelece a relação entre a fé cristã e a de Abraão, quando a lei ainda não fora estatuída. Para o cristão a lei não o escraviza:

"Graças à vocação, a vida nos foi dada e Deus recapitula em nós a fé de Abraão. Nós não podemos então retornar mais às realidades passadas, isto é, à lei antiga, pois recebemos o Mestre da Lei, o Filho de Deus, e, pela fé nele, aprendemos a amar Deus de todo nosso coração e o próximo como a nós mesmos" (Epid 95)

No livro *Adversus Haereses*, em um texto paralelo, Santo Irineu salienta que a fé dos incircuncisos é concedida no início, isto é, antes da circuncisão e da lei, como "figura" da que seria estabelecida definitivamente na vinda de Cristo. O cristão, nascido na plenitude dos tempos, acede de novo à fonte da fé, a mesma de Abraão, recapitulando-a, e, assim, reencontra as realidades iniciais, levadas por Cristo à sua plena realização:

"Se alguém ler atentamente as Escrituras, encontrará nelas a palavra a respeito de Cristo e a prefiguração da nova vocação. Ele, com efeito, é o tesouro escondido no campo, ou seja, neste mundo, pois em verdade o tesouro escondido nas Escrituras (o Antigo Testamento) é o Cristo. Ele aí está designado por tipos e palavras, que não podem humanamente ser compreendidos, antes que se produza a sua realização, isto é, até que se dê a vinda de Cristo" (Adv. Haer. IV, 26, 1).

- ■ Recapitulação sob o Senhor-Verbo

Num contexto antimarcionita, Santo Irineu apresenta Jesus como aquele que recapitula a obra por ele modelada no início. Refere-se não só à humanidade, mas ao mundo todo:

"Ele recapitulou nele todas as coisas, as que estão sobre a terra e as que estão no céu. Mas as que estão no céu são espirituais enquanto as que estão na terra são esta obra que é o homem"(Adv Haer. V, 20, 2)

Em Cristo as criaturas reencontram seu valor original e são restauradas à imagem daquele que as criou. Cristo é o Rei do Universo: "Segundo a promessa de Deus de que do 'seio de Davi' seria suscitado o Rei eterno que recapitularia nele todas as coisas" (Adv. Haer. III, 21, 9).

Nas palavras do santo de Lyon, reflete-se o tema paulino do primado, em que Jesus estabelece sua primazia sobre todos os seres, em particular sobre o homem. O Filho de Deus encarnado é a cabeça ou a fonte do Espírito, princípio de Vida. Fonte originária de toda realidade, para ele tudo converge:

> "A Igreja crê em sua vinda do céu na glória, para recapitular todas as coisas e ressuscitar toda carne da raça humana para que diante do Cristo Jesus, Nosso Senhor, Deus Salvador e Rei, segundo o beneplácito do Pai invisível, todo joelho se dobre, no céu, sobre a terra e nos infernos" (Adv. Haer. I, 10, 1).

5. A pedagogia divina

Em sua visão histórica, Santo Irineu ressalta a pedagogia divina orientando os homens para a vinda de Cristo, pois "o Senhor recapitulou nele a longa história dos homens" (Adv. Haer. III, 23, 6). Assim, com a sua plena realização em Cristo, o cristão realiza seu ardente desejo de ver reconciliadas todas as esperanças da humanidade.

■ Economia e recapitulação

Santo Irineu insiste na necessidade de o cristão conhecer a "economia de Deus", pois existe uma "economia" de Deus a respeito do mundo e do homem.

O termo economia, de modo geral, significa administrar, prover às necessidades e aponta para um método ou um plano, que contém a ideia de um desígnio. Mais explicitamente, ele designa uma intenção que permeia o plano e que lhe dá sentido. Assim ele é aplicado por Santo Irineu, que faz eco a Santo Inácio de Antioquia, e quer expressar a intenção ou o desejo salvador de Deus, que proclama o surgimento do homem novo em Cristo. A palavra economia exprime, portanto, o plano de Deus orientado para o evento da Encarnação, enquanto este recapitula o plano salvador de Deus, levando-o à plenitude.

À palavra economia, Santo Irineu acrescenta o adjetivo "universal" para indicar que o plano salvador de Deus abarca tudo: o mundo, os homens, a criação e a redenção. Consequentemente, a Encarnação está profundamente ligada à criação, assim como o Novo Testamento se relaciona com o Antigo. A história é compreendida em uma grande unidade, de maneira a se proclamar, em oposição ao gnosticismo, um só Deus, um só Cristo, uma só economia.

A Economia abrange, portanto, o plano salvador de Deus realizado por Cristo desde a criação até o fim dos tempos. A história não é vista como o somatório de fatos e acontecimentos, mas como a revelação progressiva do evento Cristo realizando a salvação de toda a humanidade e de toda a criação.

O tema "Economia" supõe o da recapitulação, o qual adquire, por esta mútua dependência, uma grande amplidão. Cristo recapitula Adão, mas também todas as criaturas criadas. Chega-se, assim, à fórmula irineana, segundo a qual a economia universal e a recapitulação estão intimamente vinculadas: "Um Cristo Jesus nosso Senhor vindo por disposição e recapitulando em si mesmo todas as coisas". Economia e recapitulação compreendem a totalidade da história.

- Pedagogia do desejo

Fala-se, por vezes, de certa decadência do pensamento filosófico no século II, o que teria provocado nas pessoas algum medo pela liberdade e por si mesmas. Drama que deu origem a diversos sistemas religiosos de segurança, os quais procuram dar uma resposta a esse temor e ao desejo de salvação. Tais sistemas lançam o convite: "Procurem junto a nós esta segurança e salvação".

Diante desse fenômeno, Santo Irineu apresenta no cristianismo a presença de uma pedagogia do desejo, cuja dinâmica tem como ponto central o fato histórico de Cristo:

> "O Filho assumiu então carne e sangue, para recapitular nele, não qualquer outra obra, mas a obra modelada pelo Pai na origem, e para buscar o que estava perdido" (Adv. Haer. V, 19, 1-2).

Para melhor expor sua posição, ele descreve alguns elementos próprios do cristianismo:

a) *Teologia da imagem de Deus*

Sua cristologia não se funda no fato de Cristo ser o Verbo eterno, mas em ser ele o Filho de Deus encarnado. Sua imagem, o homem não buscará alhures, mas em Jesus Cristo. A teologia se abre a uma espiritualidade que se orienta toda ela para o Deus feito carne. A criação, obra do Filho de Deus, foi modelada por ele, de tal modo que nela transparece o mistério da Encarnação, pois ele deixa nela a sua marca:

> "Pois pelas mãos do Pai, isto é, pelo Filho e pelo Espírito, é o homem, e não uma parte do homem, que se torna imagem e semelhança de Deus" (Adv. Haer. V, 28, 4).

O texto destaca aspectos valiosos:

- A ideia das duas mãos de Deus: o Filho e o Espírito Santo. Por eles o Criador se dá a conhecer e realiza a obra da criação.
- A ideia da unidade e totalidade do homem. Santo Irineu nega considerar o homem, com exclusão do corpo. Uma de suas características está precisamente na integração do corpo criado também à semelhança de Deus, melhor dizendo, do Verbo encarnado.
- A distinção entre imagem e semelhança, que terá uma grande repercussão na reflexão teológica posterior. Pelo termo imagem (*eikon*), ele deseja indicar algo que pertence ao homem desde a origem, à sua natureza, e que ele não perdeu nem pode perder. Ela é igualmente natural e universal.

A natureza humana traz a imagem, ou seja, ela é marcada pela presença do Verbo Encarnado. Por isso, ao falar da carne, ele não a reduz simplesmente ao sentido corporal, mas como São João, aponta para a carne animada pela alma (Adv. Haer. V, 6, 1). Em todas as suas considerações, predomina a proposição bíblica de que o Filho de Deus se fez carne. Portanto, no final do século II, já se esboça o princípio cristológico de que tudo quanto foi assumido por Jesus é salvo ou o que não foi assumido por ele não é salvo.

O sentido do termo semelhança (*homooíosis*) é um dos pontos essenciais da teologia irineana e que será determinante para a história dos dogmas. A semelhança é uma realidade concebida como distinta da imagem. Ela designa algo que Adão possuiu, perdeu e foi restituído pelo Filho de Deus feito carne, numa forma superior à de Adão. Ser criado à semelhança de Deus, refere-se propriamente ao Filho e, por ele, ao Pai invisível:

> "A verdade de tudo isto apareceu quando o Verbo de Deus se fez homem, tornando-se semelhante ao homem e tornando o homem semelhante a ele, para que, pela semelhança com o Filho, o homem se tornasse precioso aos olhos do Pai" (Adv. Haer. V, 16, 2).

A semelhança é um dom concedido pelo Espírito que torna o homem, corpo e alma, "perfeito e espiritual", mas "não por supressão da carne". "E é este mesmo, o homem, que foi feito à imagem e à semelhança de Deus" (Adv. Haer. V, 6, 1). A semelhança, no entanto, é ao mesmo tempo perdível e progressiva. Ela é a expressão do agir do Espírito em sua ação transformante, conduzindo o homem à assemelhação cada vez maior ao Filho.

Em suma, ele se refere à imagem (*eikon*) inicial, compreendida num sentido ôntico e que está presente em Adão e em seus descendentes. Pertencente à natureza, ela exprime, de preferência, o aspecto estático, enquanto a semelhança (*homoiosis*) indica o aspecto dinâmico, o processo de assemelhação ou não a Deus. A tarefa primordial do homem é assim descrita como uma progressiva deificação.

b) *Ação do Espírito Santo*

Os seres humanos, criados à imagem e semelhança de Jesus Cristo, realizam esta caminhada graças à ação do Espírito Santo. Ele é a água viva prometida por Jesus e que, animando toda a história bíblica e operando em Jesus, durante sua missão, foi difundida em plenitude na comunidade dos fiéis:

> "Quando o Senhor deu aos seus discípulos o poder de regenerar os homens em Deus, ele lhes diz: 'Ide, ensinai todas as nações, batizai-as em nome do Pai e do Filho e do Espírito Santo' (Mt 28,19). E mais adiante acrescenta: 'É o Espírito, no dizer de Lucas, que desceu, após a Ascensão do Senhor, sobre os Apóstolos em Pentecostes, e que tem poder sobre todos os povos para introduzi-los na vida e os acolher na nova Aliança. Por isso, unindo-se a todas as línguas, eles cantavam um hino a Deus. O Espírito conduzia à unidade todas as raças longínquas, e oferecia ao Pai as primícias de todos os povos'". E Santo Irineu termina dizendo: "Nós jamais teríamos produzido o fruto da vida, sem a água livremente vinda do alto" (Adv. Haer. III, 17, 1-2).

Um pouco mais adiante, o santo de Lyon, refutando os que rejeitam a fé, tece belíssimas considerações relacionando o Espírito Santo com a vida e a ação da Igreja:

> "É à própria Igreja que foi confiado o "Dom de Deus", quando modelada pelo sopro, para que todos os membros pudessem ter parte e serem então vivificados. Nela foi depositada a comunhão com o Cristo, ou seja, o Espírito Santo, primícia da incorruptibilidade, confirmação de nossa fé e escada de nossa ascensão para Deus (...). Deste Espírito se excluem todos os que se recusam a recorrer à Igreja, privando-se eles mesmos da vida por doutrinas falsas e ações depravadas. Pois lá onde está a Igreja, lá está também o Espírito de Deus; e lá onde está o Espírito de Deus, lá está a Igreja e toda graça" (Adv. Haer. III, 24, 1).

c) *A oferenda eucarística*

Os gnósticos celebram a Eucaristia. Eles, porém, sustentam que Deus Pai não é Criador. Este é outro, o demiurgo, que cria o mundo da matéria voltada à corrupção, constituindo um mundo onde estão presentes a ignorância, a paixão e a decadência.

Santo Irineu argumenta que, se o mundo não tem sentido e se algo é mau, quem assim pensa não deve celebrar a Eucaristia, pois ela proclama justamente a bondade e a grandeza do mundo. Na celebração eucarística toma-se "do fruto da terra e do trabalho do homem" para oferecer em ação de graças. Se os gnósticos a celebram, negando o valor das coisas materiais, eles a realizam como se ela fosse um mistério pagão e não como uma celebração instituída por Cristo.

Na Eucaristia, proclama Santo Irineu, pode-se ler a criação:

> "O pão, que provém da criação, Jesus o tomou e rendeu graças, dizendo: 'Isto é meu corpo'. E o cálice igualmente, que provém da criação à qual pertencemos, ele o declarou seu sangue" (Adv. Haer. 17, 5).

Assim, graças à Eucaristia, pela oferenda do pão e do vinho, o mundo se torna presente e é por ela recapitulado. O cristão é, então, convocado a apreciar sua bondade e a inserir-se neste mundo, para transformá-lo segundo Deus, sem, porém, dele se evadir:

> "Como podem os gnósticos dizer que a carne é destinada à corrupção e não tem parte na vida, quando ela se alimenta do corpo do Senhor e de seu sangue?" (Adv. Haer. IV, 18, 5).

A Eucaristia é, assim, maravilhosamente, compreendida como o estabelecimento da harmonia no interior do homem. Ao mesmo tempo, por ela se reconhece a coerência e unidade da própria criação como obra de Deus, ao qual ela se destina. Em outras palavras, celebrar a Eucaristia é perceber que em toda realidade, qualquer que ela seja, há sempre algo "maior", que vai além de nós mesmos. Celebrar a Eucaristia é abrir-se ao mistério do infinito amor do Senhor Jesus. A Eucaristia, celebrada com o pão e o vinho, convida o cristão a não ficar preso ao aspecto meramente material, mas ir além do que é sensível e abrir seu coração para Jesus, que, presente na Eucaristia, quer estar com ele em todos os momentos de sua vida.

A pessoa humana, em todo o seu ser, é convocada pela Eucaristia a situar sua vida em horizontes, colocados em níveis mais elevados que o simples nível material. Alimentado pelo corpo e sangue do Senhor, o ser humano compreende então, na fé, que tanto o corpo como o espírito não estão destinados à morte. Ao receber o corpo do Senhor, nosso corpo participa da sua incorruptibilidade. Por isso, ao falar da realidade da carne do Senhor, que assumiu nossa realidade carnal, que por ele é salva, escreve Santo Irineu:

> "Se o Senhor houvesse assumido não a nossa, mas outra substância carnal, a nossa, que se tornou inimiga de Deus pela transgressão, não seria reconciliada com Deus.

Mas o Senhor reconciliou o homem com Deus Pai, pela comunhão que temos com ele". E continua Santo Irineu: "A nossa doutrina está de acordo com a Eucaristia e, por sua vez, a Eucaristia confirma a nossa doutrina. De fato, nós oferecemos a Deus coisas suas, manifestando com este ato a comunhão e a união (do Verbo com o corpo e o sangue) e professando a ressurreição da carne e do espírito. Como o pão da terra, recebendo a invocação de Deus, não é mais pão comum, mas Eucaristia composta de dois elementos, um terrestre e outro celeste, assim os nossos corpos, participando da Eucaristia, não são mais corruptíveis, pois trazem a esperança da ressurreição eterna" (Adv. Haer. IV, 18, 5).

Para ele, a obra da redenção não se realiza no plano meramente espiritual, mas atinge a pessoa humana em todo o seu ser. Pela Eucaristia, o Senhor Jesus nos comunica o que há de mais precioso, a própria Vida de Deus. E por esta vida, a pessoa não só é curada e seus pecados perdoados, mas ela é propriamente divinizada:

"O Verbo de Deus, no fim dos tempos, para recapitular todas as coisas, se fez homem entre os homens, visível e palpável, para destruir a morte, fazer aparecer a Vida e operar uma comunhão de Deus e do homem" (Epid. 6).

Com Santo Irineu pode-se, certamente, dizer que pela celebração da Eucaristia, a criação toda inteira é recapitulada por Jesus. Ela se realiza no coração do mundo, oferta apresentada ao Pai, pela ação do Espírito Santo. A Eucaristia é a continuidade da ação salvadora do Senhor, que eleva em sua pessoa todo o mundo.

d) *O ser humano*

A gnose apresentava uma concepção idealista e aristocrática da salvação. Ela não abarcava todas as pessoas, mas só os escolhidos, os espirituais. Para os gnósticos, a salvação era compreendida na perspectiva de uma libertação da história e dos condicionamentos impostos pela vida.

Para Santo Irineu, ao contrário, a salvação dá-se justamente pela inserção do homem na história, e o atinge não simplesmente em sua dimensão espiritual, mas em todas as suas dimensões. A ação salvadora de Deus em Jesus Cristo penetra profundamente toda a história do homem, de tal modo que nela se pode contemplar Deus agindo em nossa vida.

Dois aspectos são acentuados por ele:

— Só é possível compreender o homem admitindo a dimensão de progresso. Pois ele é um ser que se ultrapassa continuamente. É um ser em progresso. Daí ser necessário, para uma justa compreensão do homem, levar sempre em conta a sua dimensão histórica, pois é nela que ele caminha no conhecimento e em sua assemelhação a Jesus Cristo. São significativas as palavras de Santo Irineu:

> "A glória do homem é Deus; mas quem se beneficia das obras de Deus e de toda a sua sabedoria e poder é o homem. Semelhante ao médico que demonstra sua competência no doente, assim Deus se manifesta nos homens (...). Se o homem acolhe, sem orgulho nem presunção, a verdadeira glória que procede das criaturas e do criador, isto é, de Deus, de Deus todo-poderoso que dá a tudo a existência, e se permanece em seu amor, na obediência e na ação de graças, receberá dele uma glória ainda maior, progredindo sempre mais, até se tornar semelhante àquele que morreu por ele" (Adv. Haer. III, 20, 2).

— A verdade da salvação do homem na história é a Eucaristia. Ela é sinal da sua salvação, assumindo a realidade humano-histórica e elevando-a até Deus. Por isso mesmo constitui um sinal contra o gnosticismo.

Este segundo ponto já foi anteriormente objeto de nossa reflexão. Vejamos mais detalhadamente o primeiro ponto, em que Santo Irineu insiste sobre o progresso como característica essencial do homem: Deus age e o homem se faz. Assim, ao se referir à criação do homem, Santo Irineu acentua que ele foi criado criança e imperfeito e foi na Encarnação que atingiu seu estado de perfeição e maturidade. Isto se verifica graças ao dom do Espírito Santo que o conduz à divinização. Reflete o santo de Lyon:

> "O Verbo de Deus habitou no homem e se fez Filho do homem, para acostumar o homem a compreender Deus e Deus a habitar no homem, segundo a vontade do Pai". E ele continua: "O Espírito Santo desceu sobre o Filho de Deus, que se fez Filho do homem, acostumando-se com ele a conviver com o gênero humano, a repousar sobre os homens e a morar na criatura de Deus. Assim renovava os homens segundo a vontade do Pai, fazendo-os passar da sua antiga condição para a nova vida em Cristo" (Adv. Haer. III, 17, 1-2).

A economia de Deus, ao longo da história, não consiste, pois, em retornar aos inícios, em uma dimensão circular, mas, em uma concepção linear, conduzir o homem a um desabrochar superior ao seu ponto de partida. Em relação ao homem, a encarnação do Filho de Deus não é concebida como algo acabado, mas considerada na dinâmica de progresso e renovação constante. Os homens, em Cristo, são chamados a caminhar de plenitude em plenitude ou, ainda, em e por Ele crescer "em estatura, sabedoria e graça diante de Deus e dos homens" (Lc 2,52).

Reportando-se a Adão, Santo Irineu afirma que ele deveria desenvolver-se e progredir, até atingir o estado de maturidade espiritual a que Deus queria conduzi-lo. A queda pelo pecado, embora introduza alguma desordem, não modifica o plano em seu conjunto. Uma vez presente na história dos homens, a remissão do pecado constitui, nessa visão histórica, uma etapa preparatória na caminhada do homem à perfeição. Cristo nos torna, pelo seu Espírito, participantes de sua vida, conduzindo-nos à nossa divinização. O Verbo se fez homem para que o homem esteja sempre em progresso:

> "Assim, desde a origem, o Filho do Pai revela que está com o Pai. (...). Mostrando Deus aos homens e apresentando o homem a Deus; salvaguardando a invisibilidade do Pai, para que o homem não venha a desprezar a Deus, tendo sempre diante de si um objetivo a orientar a sua busca; e, por outro lado, mostrando Deus aos homens, por mil disposições providenciais, temendo que o homem, ausente totalmente de Deus, perca seu ser. Pois a glória de Deus é a vida do homem e a vida do homem é a visão de Deus" (Adv. Haer. IV, 20, 7).

Santo Irineu supõe uma ação constante de Deus na vida humana para que, assim, o homem possa atingir seu destino sobrenatural. Tal ação divina pressupõe sempre o que o ser humano, como criatura, é capaz de acolher. A graça não suplanta nem diminui a natureza. Ela a aperfeiçoa e a eleva, até que possa alcançar o "homem perfeito", fruto de uma evolução ao mesmo tempo inefavelmente natural e sobrenatural. Deus atrai o homem a si, sem violência, mas segundo o modo como a própria natureza humana pode ser atraída.

Em suma, podemos dizer que, para Santo Irineu, toda a economia divina prepara o homem para a visão de Deus. O auge dessa preparação dá-se na Encarnação. A Encarnação apresenta-se como novidade, não simplesmente quanto à mensagem, mas particularmente na presença efetiva deste que foi anunciado, Jesus Cristo. Já manifestado em toda a preparação como promessa, essa presença tem na Encarnação a sua realização plena.

A missão de Cristo é levar o crescimento do homem ao seu fim último, não entendido pontualmente, mas no sentido escatológico. A obra de Cristo é esta constante provocação para o crescimento na integração de tudo, mesmo do pecado. Se o pecado, embora importante em seu pensamento, é situado num plano secundário, não é meramente porque Santo Irineu combatia os gnósticos, mas porque ele não pode ser considerado como o verdadeiro centro da teologia cristã. O único centro absoluto é o desígnio de Deus, manifestado em definitivo, pelo Espírito Santo, na Encarnação de Cristo. Ele é enfático ao afirmar:

> "Ele se fez à semelhança da carne do pecado para condenar o pecado e lançá-lo fora da carne como condenado. Ele leva o homem a assemelhar-se a Ele, assinalando ao homem ser ele imitador de Deus, conduzindo-o sob a lei do Pai para que ele possa ver Deus e lhe dando a possibilidade de chegar ao Pai. O Verbo de Deus que habitou no homem, que se fez Filho do homem para habituar o homem a receber Deus e

para habituar Deus a habitar no homem segundo o que apraz ao Pai" (Adv. Haer. III, 20, 2).

e) *Santo Irineu e o marcionismo*

Marcião, homem de grande talento, não vê como conciliar o Antigo e o Novo Testamento. Ele se pergunta: se o Antigo Testamento é de difícil leitura, então, para que se deter nele? Faz-se, pois, necessário desembaraçar-se dele. Chega mesmo a afirmar que ele não anuncia o mesmo Deus: impensável que o Deus de bondade e de misericórdia, anunciado pelo Novo Testamento, seja o mesmo Deus de vingança e de cólera do Antigo Testamento. O Deus do Antigo Testamento é o Deus deste mundo, o demiurgo. Felizmente, considera ele, o Novo Testamento revela de modo inopinado o Deus estrangeiro a este mundo, aquele que em verdade deve ser anunciado. A novidade no Novo Testamento é anunciar o Deus de bondade.

Marcião suprime, por conseguinte, o Antigo Testamento à exceção do saltério. Prevalece a ideia, tão arraigada nos primeiros séculos, de que a Igreja deve rezar, como de costume, nas comunidades, segundo o saltério. Do Novo Testamento, Marcião aprova São Paulo, pelo fato de ele considerar o Apóstolo como contrário ao judaísmo, o que o leva a valorizar as epístolas paulinas. Ele conserva o Evangelho de São Lucas, ligado a São Paulo, que, segundo Marcião, só se inicia, porém, quando Jesus inopinadamente começa a pregar no Templo.

Como é que Santo Irineu reage diante de tal teologia? Santo Irineu não nega a ideia da novidade, apresentada por Marcião, mas retém duas coisas:

— O núcleo dos debates está na afirmação marcionita de que a Encarnação é uma novidade total. Santo Irineu confirma que a Encarnação é uma novidade, mas uma novidade preparada por todo o Antigo Testamento:

> "Ficai sabendo que a vinda do Senhor trouxe toda novidade, trazendo a si mesmo, que fora anunciado. Com efeito, o que foi predito é que a novidade viria para renovar e vivificar o homem. Os servidores, enviados antes do rei, anunciaram sua vinda, para que as pessoas pudessem se preparar para receber seu Senhor. Mas quando o Rei veio, quando seus seguidores foram cumulados desta alegria que lhes tinha sido prevista, quando suas palavras foram compreendidas, eles se alegram com seus dons, não se perguntam, ao menos se têm o bom senso, o que este Rei deu mais que seus antecessores. Ele deu, ele mesmo, aos homens os dons que tinham sido prometidos e dos quais os próprios anjos estavam ávidos" (Adv. Haer. IV, 34, 1).

Ademais, a Encarnação é uma preparação para a parusia. Ela é considerada à luz do conceito de "acostumação". Pois, para que a humanidade assimile a novidade, há necessidade de um acostumar-se de forma lenta e progressiva. O Antigo Testamento é a preparação para a Encarnação, como esta é também uma preparação, à medida que acostuma os homens à presença real do Cristo, para a visão de Deus. O princípio constitutivo desta assimilação do homem a Deus é Jesus Cristo, o Verbo de Deus.

A novidade supõe um antes que a prepare e acostume o homem para recebê-la.

— A novidade na Encarnação é a concepção virginal. Marcião assevera que Jesus Cristo, o Verbo de Deus, apareceu de modo surpreendente, e isto já em sua vida pública. A novidade da vinda de Cristo, assevera Santo Irineu, é o seu nascimento de uma Virgem:

> "O caráter inesperado de sua geração nunca teria acontecido se o Senhor, o Deus de todas as coisas, não a tivesse dado como sinal para a casa de Davi. O inesperado era a salvação que se devia realizar para os homens, pelo socorro de Deus, inesperado também devia ser uma Virgem dar à luz um filho, como sinal de Deus e não por obra de homem" (Adv. Haer. III, 21, 6s).

Para esclarecer o aspecto surpreendente da Encarnação, ele discorre sobre três temas específicos:

■ O tema da criação

A criação é considerada como uma atividade de Jesus Cristo, o Verbo, o que faz com que ela já aponte para a sua Encarnação. Para compreender o inesperado de sua vinda, ele mantém a premissa formulada por São João: o Filho de Deus veio para o meio dos seus.

Santo Irineu segue o seguinte raciocínio: a vinda de Jesus, surpreendente, só é possível porque algo existe; ora, tudo quanto existe é obra dele e é justamente por esta razão que a sua vinda é surpreendente. A Encarnação só é possível no mundo que ele criou.

Pelo Filho de Deus, não só nos achegamos à criação, mas ao Deus incriado:

> "Este (Jesus Cristo) se fez semelhante à carne do pecado para condenar o pecado (...) e para convocar, por outro lado, o homem a tornar-se semelhante a ele, (...) elevando-o até o Reino do Pai e lhe concedendo ver Deus e apreender o Pai. Ele, o Verbo de Deus, habitou no homem e se fez Filho do homem para acostumar o homem a atingir Deus e acostumar Deus a habitar no homem, segundo o beneplácito do Pai" (Adv. Haer. III, 20, 2).

A Encarnação é uma criação contínua, melhor, uma nova criação, pois ela recapitula a primeira. Tal concepção não seria compreensível caso se concebesse

Cristo como sendo simplesmente um na série de fatos. Numa dimensão histórica, compreende-se que com ele se começa toda uma novidade. Novidade como em Adão. Cristo, inserido na história, conduz o homem a contemplar a verdade da história, não a destruí-la. Há uma identidade fundamental entre a criação e a Encarnação. Em certo sentido, pode-se dizer que nada mudou: o Filho de Deus continua a agir, pois a Encarnação continua a ser sua ação na criação.

■ O tema da "teofania"

Santo Irineu destaca que as profecias e os anúncios do Filho de Deus só podem ser compreendidos, porque existe justamente no homem algo de Deus. A novidade não é ruptura com o passado, mas é assumi-lo em uma nova plenitude: "É necessário que desde a criação exista algo que permita ao homem dizer: isto é novo".

O mesmo se deve dizer das teofanias, pré-manifestações do Verbo, que orientam e preparam os homens para a vinda de Cristo, graças ao qual o homem conhece Deus e se liga ao invisível, penetrando na própria incorruptibilidade divina:

> "O homem permanecerá numa contínua ação de graças em relação ao Senhor pelo dom da incorruptibilidade que ele recebeu dele e o amará ainda mais, pois aquele a quem mais foi dado, mais amará, (...). Como também conhecerá todas as outras obras prodigiosas que Deus realizou nele, e, instruído por elas, pense sobre Deus de modo digno de Deus. Pois a glória do homem é Deus, mas o receptáculo da ação de Deus, de toda sua sabedoria e de todo seu poder, é o homem (...). Este homem permanecendo em seu amor, na submissão e na ação de graças, receberá de Deus uma glória maior, progredindo até tornar-se semelhante a este que morreu por ele" (Adv. Haer. III, 20, 2).

PARTE III

A Doutrina Cristã nos Primeiros Séculos

I

O Sacerdócio Cristão

PARA MELHOR COMPREENSÃO do sacerdócio nos primeiros séculos do cristianismo é necessário destacar alguns elementos do sacerdócio judaico e o quadro geral do Novo Testamento.

1. O sacerdócio israelita

A função sacerdotal teve, no Antigo Testamento, diversos caminhos. A tendência comum é afirmar que o único sacerdócio instituído por Deus em Israel seria o "sacerdócio levítico-aaronítico". No entanto, como escreve Grelot, em sua obra *Ministério da Nova Aliança*, "ainda que o sacerdócio levítico se tenha imposto, ao termo da evolução legislativa atestada pelo Pentateuco, sobre todos os outros tipos de sacerdócio anteriores (familiar, tribal, dos reis etc.), tal se deu só em época bem mais recente. Com efeito, o sacerdócio natural dos chefes precedeu, em Israel, ao sacerdócio funcional da tribo de Levi, e coexistiu com este último durante certo número de séculos" (p. 24s).

Há toda uma evolução do sacerdócio no interior do Povo de Israel. Antes de as funções sacerdotais se tornarem complexas, encontramos os patriarcas, cabeças de famílias ou grupos de tribos, que oferecem sacrifícios (Gn 22,2; 31,54). Mais tarde, tais funções serão desempenhadas por um grupo da tribo de Levi (Jz 17,9.13). Esta será considerada uma tribo sacerdotal, de tal modo que, na repartição da Terra Prometida, Levi não receberá um quinhão próprio: "O Senhor mesmo é a sua herança" (Dt 18,1-8; Nm 18,20-24). Com o aparecimento do sacerdócio levítico, o sacerdócio natural não desaparecerá. Subsistirá ao lado daquele, por muitos séculos. É o que se pode atestar, por exemplo, no rito da ceia pascal, celebrado pelo chefe de família.

Após o exílio babilônico, observa-se uma espiritualização do sacerdócio. É todo o povo de Israel que será considerado um povo sacerdotal, o que, no entanto, não exclui que alguns exerçam esta função em nome da comunidade: são os filhos de Sadoc, que na comunidade têm a presidência e ocupam um papel relevante nas decisões tomadas com o povo.

Todavia, o sacerdócio institucionalizado não é apresentado como uma vocação ou um carisma, no sentido moderno do termo. Escreve De Vaux, ao discorrer em sua obra *As Instituições do Antigo Testamento*, que os textos nunca falam de uma escolha divina para os sacerdotes, como fazem para o rei e para o profeta. Se em 2Cr 24,20 o Espírito de Deus reveste a Zacarias, é para fazer dele um profeta e não para elevá-lo ao sacerdócio. Segundo Nm 8,10 os israelitas impõem as mãos aos levitas; não se trata, porém, de um rito de investidura (profética), mas de um gesto de oferecimento. Não havia, portanto, no antigo Israel, uma "ordenação" para os sacerdotes; eles entravam em função sem nenhum rito religioso que lhes conferisse uma graça ou poderes especiais" (p.196-198).

Há uma distinção entre os profetas, juízes, reis e o sacerdote levítico. Enquanto os primeiros recebem um chamado especial de Deus e são por ele agraciados de dons particulares, o último se torna sacerdote pelo simples fato de ser membro de uma tribo e família sacerdotais. Em relação a ele pode-se falar de uma vocação-chamado só no sentido de a providência divina estar guiando o seu nascimento.

2. Funções do sacerdócio israelita

Em Dt 33,8-10 encontram-se tais funções, descritas de modo um tanto poético. O contexto é a bênção conferida por Moisés a Levi e a seus descendentes, antes de morrer: "Para Levi [Moisés] disse: 'Daí vossos tumim e vossos urim ao homem que vos é fiel, a quem provastes... Eles [os sacerdotes, filhos de Levi] observam a vossa palavra e guardam a vossa aliança; ensinam vossos preceitos a Jacó e vossa lei a Israel. Apresentam o incenso ao vosso olfato e o holocausto sobre o vosso altar'".

Funções estas que podem ser assim sistematizadas:

a) No santuário os sacerdotes consultavam o urim e o tumim, isto é, os textos sagrados, buscando a resposta de Deus para determinados problemas.
b) Eles tinham por função ensinar a Torá ou a Lei de Deus aos homens.
c) Exerciam o culto, apresentando sacrifícios a Deus.

Eles tinham assim uma função bastante ampla; porém, com o passar do tempo, o sacerdócio judaico reduzir-se-á à função sacrifical. Os profetas surgirão justamente para reconduzir o sacerdócio a sua verdadeira dimensão: não simplesmente ritualística, mas sobretudo, profética. Contudo, no início da nossa era, os cristãos verão o sacerdote judaico transformado em um mero funcionário do culto, pois o ensinamento da Lei se fazia nas sinagogas, cuja reunião era presidida pelos escribas e doutores da Lei, e não mais no Templo.

3. Dados sobre o sacerdócio cristão

a) Ausência de ministros-sacerdotes da Nova Aliança no Novo Testamento. Embora se constate a existência, nos inícios de nossa era, de sacerdotes no mundo judaico e no mundo pagão, não se encontra, porém, esta designação no mundo cristão. Neste, a terminologia sacerdotal do Antigo Testamento não é utilizada para caracterizar especificamente os seus ministros. Há ministros com funções sacerdotais, mas eles não são denominados propriamente sacerdotes. Cabe-nos, então, refletir sobre as razões que levaram os cristãos, a partir de um determinado momento, a empregar uma terminologia sacerdotal.

Na Epístola aos Hebreus, Jesus é designado como Sumo Sacerdote (Hb 9,11), mas o autor jamais associa o sacerdócio de Jesus à Eucaristia ou à última ceia. Por outro lado, no que se refere aos levitas convertidos ao cristianismo, estes são considerados no Novo Testamento como simples fiéis, não lhes conferindo um título sacerdotal (At 4,36s; 6,7).

É bom termos também em mente que, na Igreja nascente, é todo o povo cristão que participa do sacerdócio de Cristo. Lemos na 1Pd 2,4-5: "Achegai-vos a ele, pedra viva que os homens rejeitaram, mas escolhida e preciosa aos olhos de Deus; e quais outras pedras vivas, vós também vos tornais os materiais deste edifício espiritual, um sacerdócio santo..."; no v. 5 a menção "por Jesus Cristo" indica que é graças ao Cristo e por sua união com ele que os cristãos rendem a Deus um novo culto. Em Ap 1,5-6; 5,10 é Cristo que fez dos cristãos um "reino de sacerdotes". Como Israel era um povo sacerdotal entre os demais povos, assim também é agora a Igreja. No entanto, havia em Israel um sacerdócio propriamente dito. Não podemos, pois, deixar de ver aí um prenúncio do sacerdócio cristão.

O fato de não existir no Novo Testamento referências a "sacerdotes" cristãos, não é que se negue a sua realidade, mas simplesmente reflete uma tendência presente na Igreja primitiva de não utilizar, para suas instituições e no domínio doutrinário, uma terminologia sacral comum ao culto pagão ou ao Templo. Com isso se quer assinalar a natureza totalmente nova do cristianismo e do ministério cristão. Em outras palavras, não se utiliza o título de sacerdote, mas a função exercida pelos ministros da Nova Aliança é uma função sacerdotal. Mais tarde, menos vinculados ao mundo judaico, como veremos a seguir, eles serão, então, e com propriedade denominados sacerdotes.

b) Surgimento do "sacerdócio" cristão. Os Apóstolos presidem a fração do pão e as reuniões comunitárias. Eles, porém, consideram-se, antes de tudo, ministros do Evangelho, o que é descrito por São Paulo em termos de "sacrifício" e de "liturgia" (Rm 15,15-16; Fl 2,17). São Clemente de Roma confere aos ministros da Igreja os nomes profanos de guias *(hegoumenoi)*, vigilantes *(episcopoi)* e anciãos *(presbiteroi)* (1, 3; 21, 6; 32, 2; 42, 4-5; 60, 2.4). Eles seriam os chefes do povo de Deus, conduzindo-o ao verdadeiro culto, agradável aos olhos do Altíssimo, cujo objetivo é "levar uma vida santa na piedade e justiça" (62, 1). São Clemente de Roma, ao se referir à Eucaristia, relaciona-a aos dados sacrificais do Antigo Testamento (40, 41). Santo Inácio de Antioquia, por sua vez, fala do epíscopo, cuja função principal é ser sinal de unidade na caridade. Para ele a Eucaristia evoca a Encarnação e os sofrimentos de Cristo, sua Paixão e morte, sua cruz redentora. Santo Irineu dirá que eles, "com a sucessão no episcopado, receberam o seguro carisma da verdade" (Adv. Haer. IV, 26, 2).

Observa-se, no entanto, na Igreja primitiva a preocupação pela pregação do Evangelho e, por força das circunstâncias, a necessidade de anunciá-lo como combate às heresias. O aparecimento, porém, de um vocabulário sacerdotal para designar os ministros cristãos estará particularmente ligado ao fato de o cristianismo possuir um sacrifício para o qual se requer um presidente. E isto ocorrerá quando a Eucaristia, considerada como um sacrifício não cruento, for vista como substituindo os sacrifícios cruentos dos judeus, não mais celebrados depois da destruição do Templo no ano 70. Sempre em relação a Jesus, o sacerdote por excelência. São Cipriano assinala que é do Senhor que deriva todo "sacerdócio", e a designação de sacerdote seria empregada, sobretudo, em relação ao bispo:

> "Se, pois, o próprio Jesus Cristo, nosso Senhor e Deus, é o Sumo Sacerdote de Deus Pai, e oferece-se a si mesmo, em primeiro lugar, como oblação e entrega o mandato de fazer isto em sua memória. Realiza-o realmente o sacerdote que, em lugar de Cristo, reproduz o que Cristo fez. Ele oferece a Deus Pai na Igreja um verdadeiro e válido sacrifício ao celebrar o sacrifício do mesmo modo como outrora o próprio Cristo o fez" (Epid. 63, 14).

Esta compreensão da Eucaristia como sacrifício já é exposta pela *Didaqué* 14:

> "Reuni-vos no dia do Senhor para a fração do pão e agradecei (celebrai a Eucaristia) depois de haverdes confessado vossos pecados, para que vosso sacrifício *(thusia)* seja puro" (14, 1).

Há nessa passagem uma alusão a Ml 1,10-11, cujo texto se tornou importante para a concepção da Eucaristia cristã. Por outro lado, a leitura dos profetas era comum entre os cristãos. Assim é compreensível que, pouco a pouco, a Eucaristia seja interpretada no quadro das palavras de Malaquias. A ceia eucarística seria a realização da profecia sobre o sacrifício puro oferecido entre os gentios, do nascer ao pôr do sol, em contraposição ao sacrifício cruento que, segundo o oráculo de Javé, não seria apresentado por muito mais tempo pelos sacerdotes judeus.

Ademais, a *Didaqué* 13, 3 ao falar dos profetas denomina-os "Sumos Sacerdotes". E numa passagem anterior parece indicar que tais profetas têm parte na celebração eucarística (10, 7). Eles a celebram a modo dos judeus: benzem e dão ação de graças sobre o pão e o cálice. As celebrações eucarísticas, compreendidas como proclamação e memorial da Paixão de Jesus Cristo, levam a comunidade a tomar consciência da função sacerdotal dos que a presidem.

Portanto, já no século I, existe na Igreja a consciência de uma função sacerdotal. Ela surge por força da celebração eucarística entendida sempre mais como sacrifício não cruento e graças à ideia de que quem a preside exerce uma função sacerdotal. Mas é só no início do século III que o bispo será designado pelo nome de sacerdote e pontífice *(hiereus, archiereus)*, com as funções de presidir a Eucaristia, batizar, perdoar os pecados e ordenar os ministros. Tais funções são desempenhadas de par com o ministério da pregação e do ensinamento, como guia e consciência da comunidade. Daí proclamar Hipólito de Roma que "eles desempenham irrepreensivelmente diante de ti (Pai) o primado do sacerdócio" (Trad. Apost. 9). Os presbíteros, por sua vez, também receberão o título de sacerdotes. É o que se verifica no século IV, com o crescimento das comunidades cristãs no campo e nas pequenas aldeias. Alguns presbíteros deixam então o colégio presbiteral, junto ao bispo, e se retiram para o interior onde serão incumbidos das mesmas funções do bispo, exceto a da imposição das mãos. Eles serão então denominados sacerdotes, com o acréscimo *"secundi ordinis"*, pois sua ação apostólica era tida como uma extensão da do bispo. São, no dizer de Santo Inácio de Antioquia, seus mais próximos colaboradores.

Dentro deste contexto, relembramos a declaração de São Pedro de que todo o Povo de Deus é um povo sacerdotal. No seu interior é que compreendemos o sacerdócio ministerial, sendo significativas as palavras de Santo Agostinho:

> "'Serão sacerdotes de Deus e de Cristo e com ele reinarão mil anos'. Não alude somente aos bispos e aos presbíteros que na Igreja são os sacerdotes propriamente ditos. Como todos os fiéis, que recebem o nome de cristãos por causa do crisma místico, também são denominados sacerdotes, por serem membros do único sacerdote. A eles chama o apóstolo Pedro: 'povo santo e sacerdócio régio...'. Ademais, Cristo, embora filho do homem pela condição de servo, é sacerdote eterno, segundo a ordem de Melquisedec" (De Civ. Dei 20, 10).

c) Os colaboradores dos Apóstolos em Jerusalém. Nos escritos de São Paulo e de São Lucas, os Apóstolos não exercem sozinhos o seu ministério. Desde o início há colaboradores.

A primeira série de colaboradores são os Sete (At 6). À primeira vista os Sete são designados para um serviço que, mais tarde, será compreendido como o dos diáconos: "servir às mesas" e atender às viúvas. Mas quando se observa o texto com mais atenção, percebe-se que eles seriam pregadores do Evangelho junto aos gregos. De Estêvão sabe-se que pregava nas sinagogas dos helenistas; de Filipe, que ele evangelizava o eunuco e os samaritanos. Suas funções são semelhantes às dos Apóstolos, apenas que em relação ao mundo grego.

Bastante cedo aparecem, nos Atos dos Apóstolos, os Anciãos (At 11,30; 15,2–16,4), associados aos Apóstolos. Em At 21,18 eles aparecem agrupados ao redor de Tiago. A comunidade estrutura-se no estilo judaico, com o seu responsável na pessoa de Tiago, tendo os anciãos como seus colaboradores na direção dos fiéis. Em 44, a Igreja de Antioquia envia seu óbolo "aos anciãos" (At 11,29s), e em 50, durante o Concílio de Jerusalém, estavam reunidos "os Apóstolos e os anciãos" (At 15,6).

As congregações judaicas, especialmente na Palestina, tinham à frente um conselho de anciãos. Sua adoção pelas comunidades judeu-cristãs foi espontânea, pois São Lucas, que fala da ordenação dos diáconos, refere-se aos anciãos, com toda naturalidade, sem dar maiores explicações sobre o fato de eles serem parte integrante da Igreja. No judaísmo eles representavam a Tradição e eram os líderes e guias da comunidade. No cristianismo eles terão um papel semelhante. É verdade que o cristianismo não vive do passado e de uma lei, mas da experiência de uma nova soberania de Deus e da esperança do retorno do Senhor. Todavia, esta soberania tornou-se um fato na pessoa de Jesus Cristo, suas palavras e atos, sua morte e ressurreição, sempre de novo atualizado, mas que pertence a um passado histórico, o qual deve ser transmitido e conservado. Esta Tradição, que é a própria vida da Igreja, é um elemento constitutivo fundamental dela, do mesmo modo que o Espírito Santo, nela continuamente presente. E os anciãos são justamente os mantenedores desta Tradição. Assim, apesar de nos Atos não exercerem o ministério da palavra, como os Apóstolos, eles perpetuam uma das funções desempenhadas pelos Doze.

O último grupo de colaboradores dos Apóstolos em Jerusalém são os profetas (At 11,27; 15,32). Trata-se dos "espirituais" que o Espírito suscita e que devem ser reconhecidos como tais pela comunidade. São Lucas não se refere a uma instituição propriamente dita dos profetas. Inseridos na comunidade, eles são reconhecidos por ela, enquanto movidos pelo Espírito Santo, que a conforta e a avigora. A eles nos referimos quando, na *Didaqué*, tratamos da hierarquia itinerante ou carismática.

4. Observações conclusivas

a) Há em Jerusalém um colégio de Apóstolos na direção da comunidade. Este colégio, formado pelos Doze, conta com colaboradores.

b) Este colégio dos Apóstolos, com seus colaboradores, tem por função essencial ser testemunha da Morte e Ressurreição de Jesus e é este testemunho que o define.
c) Os Apóstolos, testemunhas da Morte e Ressurreição, são, pela proclamação do querigma e por seus ensinamentos, as colunas da Igreja e seus responsáveis. A autoridade deles não é definida de maneira jurídica; ela é essencialmente doutrinal, fundada no testemunho que eles dão de Cristo. Eles são, tanto em São Paulo como nos Atos dos Apóstolos, o critério da Tradição autêntica, garantia da unidade.
d) Em todos os textos, eles aparecem como colégio. O Ressuscitado aparece a todos, sendo que o apóstolo São Pedro terá uma função específica, representando e falando em nome de todos.
e) Enfim, a compreensão sempre mais nítida da função de São Pedro. A Igreja fundada por Jesus, sobre os Apóstolos, tem neles a garantia da unidade. Ao mesmo tempo, seja em São Paulo, seja nos mais antigos textos, São Pedro é sempre nomeado em primeiro lugar. Ele ocupa uma função especial na Igreja, que será justamente aprofundada por nós, num capítulo próprio, logo a seguir. Mas não deixemos de ressaltar a presença dos Apóstolos em Jerusalém, constituindo o colégio das testemunhas de Jesus, em sua vida terrestre e, mais ainda, em sua ressurreição. Aliás, esta ocupa o lugar central da pregação deles e confirma em definitivo tudo quanto Jesus disse e fez.

II

A Sucessão dos Apóstolos

Neste capítulo queremos oferecer subsídios, dos séculos I e II, sobre a questão da sucessão apostólica. O centro de nosso estudo é a realidade da vida da Igreja, alicerçada no Evangelho, atestada por documentos contemporâneos ou imediatamente posteriores aos escritos do Novo Testamento. Através deles tem-se a visão de uma Igreja, fundada por Cristo, porém ainda não pronta e acabada. Ela vai se estruturando e se constituindo, ao longo da história, graças à ação do Espírito Santo.

1. A sucessão nos Atos dos Apóstolos

O Novo Testamento fala muito pouco da sucessão apostólica, mas as passagens que encontramos, sobretudo nos Atos dos Apóstolos e nas cartas paulinas, são muito significativas. Os Apóstolos mantêm sempre a convicção firme de que a Igreja continuará depois deles, o que os leva a falar de sucessores.

Nas epístolas pastorais, há algo precioso quanto à sucessão. Os delegados do Apóstolo São Paulo instituem bispos (epíscopos) e anciãos (presbíteros). No entanto, o que se tem em vista é a hierarquia local, e não o desaparecimento do Apóstolo. Dizemos isto lembrando-nos de que já então se tinha consciência de que os poderes dos Apóstolos não iriam desaparecer com a morte deles. Trata-se de um dom dado por Jesus à sua Igreja e para sempre (Mt 18,18; Lc 22,19; 1Cor 11,26 e outros textos).

Entre os autores do NT, quem se interessou pelo problema da sucessão apostólica foi principalmente São Lucas. Nos Atos dos Apóstolos, ele se preocupa em mostrar como ela se realizou. Delineia-se o seguinte quadro, no que se refere à Igreja de Jerusalém e às Igrejas paulinas:

No início encontramos, na Igreja de Jerusalém, os Doze e os Apóstolos; em seguida os Apóstolos e os anciãos; enfim permanecem os anciãos. Verifica-se a passagem do colégio dos Doze para o dos Apóstolos e finalmente para o dos anciãos. O mesmo esquema é válido para as Igrejas paulinas. É o que se pode constatar em At 20,17, quando São Paulo, querendo dar seu adeus, convoca os anciãos de Éfeso. São Lucas, autor dos Atos, mostra assim como a responsabilidade das igrejas passa dos Apóstolos aos anciãos, tanto em Jerusalém como nas igrejas paulinas, muito embora tenhamos na Igreja de Jerusalém, nos primeiros anos, um parente do Senhor à frente da comunidade.

É necessário, porém, destacar que os Apóstolos têm sempre a preocupação de estabelecer seus sucessores, mediante a imposição das mãos (2Tm 1,6). São eles os bispos e os anciãos, colocados à frente das comunidades cristãs (At 14,23; 20,17; 1Pd 5,1-11). No entanto, se logo no início, como vemos em São Clemente de Roma, foram usadas as palavras "presbíteros" e "bispos" (At 20,17-28; Tt 1,5-7), há, sobretudo, o fato de os Apóstolos transmitirem a autoridade suprema só a alguns colaboradores, que lhes eram mais ligados e em quem depositavam confiança (1Tm 3,1-15; 5,22; Tt 1,5; 3,10s). Estes gozarão de maior poder e, assistidos pelo Espírito Santo, deverão anunciar, com maior autoridade, a Palavra de Deus e realizar o culto divino, especialmente a ceia eucarística. Estes serão denominados bispos, com o encargo de apascentar o rebanho do Senhor e estar à frente das comunidades cristãs. Entre eles encontramos, particularmente, Timóteo e Tito. Nas primeiras comunidades, principalmente de cunho judaico, encontramos à frente bispos como os que continuam a exercer a função própria dos Apóstolos.

2. Os Apóstolos desaparecem, a Igreja continua

A Igreja, fundada sobre os Apóstolos, existe graças à ação do Espírito. Por isso mesmo, ela subsiste ao desaparecimento dos Apóstolos, os quais exercem na Igreja uma função que lhe é essencial. É, pois, importante precisar melhor esta tarefa apostólica.

a) Os Apóstolos foram testemunhas da Morte e da Ressurreição de Jesus. Testemunho este transmitido à Igreja, que o proclamou em seu querigma e em seu Evangelho. Concedido à Igreja, a ela toda, que se torna portadora deste testemunho, não reservando jamais a algumas pessoas, com exclusividade, a proclamação da mensagem pascal. Ela é, no entanto, reconhecida e confirmada pelos Apóstolos.

b) Aos Apóstolos cabe também a função de fundar a Igreja, de difundi-la, de conduzi-la e de unificá-la. O fato de eles serem princípio de unidade e de comunhão é reconhecido e respeitado em toda a Igreja primitiva.

c) Mais tarde, temos o importante testemunho de Santo Irineu. Ele considera os Apóstolos como as doze colunas da Igreja, o que corresponderia às doze tribos de Israel:

"Em terra estrangeira nasciam as doze tribos, os filhos de Israel, porque também o Cristo devia gerar em terra estrangeira as doze colunas, fundamento da Igreja" (Adv.

Haer. IV 21, 3). Pouco antes, ele escreve: "A Igreja, porém, espalhada por toda a terra, iniciada pelos apóstolos, persevera firmemente numa só e idêntica fé em Deus e no seu Filho" (Adv. Haer. III, 12, 7).

Com efeito, a Igreja, Povo de Deus, necessita dessa função, exercida pelos Apóstolos e mais tarde pelos bispos, seus sucessores. Essa função comporta, como elemento constitutivo, o carisma de organização e de unificação, no qual se garante o serviço da unidade. Tal função nos orienta para a relação existente entre as igrejas e os Apóstolos, enquanto elas provêm deles, sem com isso ofuscar, nos Apóstolos e na Igreja, a presença atuante do Ressuscitado e do Espírito Santo. Efetiva-se o que Tertuliano dirá: "As igrejas provêm dos Apóstolos, os Apóstolos de Cristo e Cristo de Deus" (De praescr. haer. 21, 4).

3. Breve análise histórica

Para se compreender o modo como se processou e se concretizou a sucessão apostólica, deve-se levar em consideração, de modo particular, a questão da presidência da Eucaristia. E o documento que oferece melhores condições para esta análise é a *Didaqué*.

Os capítulos XI e XIII da *Didaqué* falam do ministério dos Apóstolos, profetas e doutores *(didáscalos)*. O cap. XV menciona os epíscopos e os diáconos. Entre eles se intercala o cap. XIV, onde no parágrafo 1 se lê: "rompei o pão... dai graças *(kaí eucharistésate)* após ter confessado vossos pecados a fim de que vosso sacrifício seja puro *(kathará thusía)*". No parágrafo 3, volta-se a falar do sacrifício puro.

Estas passagens referem-se à celebração dominical, em que se realiza a "fração do pão", a "Eucaristia", após uma confissão dos pecados *(exomologese)*, para que a "oferta sacrifical seja pura".

Este sacrifício puro, ao qual a *Didaqué* se refere, pode ser compreendido em dois sentidos:

a) Como sacrifício espiritual. Neste caso acentua-se a oferta feita a Deus de um coração arrependido, o qual constituiria o conteúdo deste sacrifício espiritual.

b) No sentido ritual e espiritual, o que caracteriza o sacrifício não é a confissão dos pecados, que tão unicamente constitui condição para a sua realização. O essencial é a fração do pão e a ação de graças (eucaristia).

Este último sentido explica o fato de a celebração dominical estar justamente inserida entre as prescrições sobre as primícias a serem dadas aos profetas e doutores, como outrora aos sumos sacerdotes, e a menção feita aos epíscopos e diáconos, que, de fato, estão relacionados com a celebração sacrifical: "Escolhei-vos, pois *(oun)*, bispos e diáconos dignos do Senhor..." (XV, 1).

O cap. XIV sugere, desta maneira, que o sacrifício *(thusia)* e sua celebração dominical pressupõem, como necessária, a presença nas comunidades do bispo e dos diáconos. Mas quem são estes bispos ou *epíscopoi* citados na *Didaqué*? A resposta é encontrada na análise de outros documentos antigos do século I e início do século II, como veremos a seguir.

4. Os Bispos presidem a Eucaristia

São Clemente de Roma, em sua *Carta aos Coríntios*, escreve:

"Eles (os apóstolos) estabeleceram os acima mencionados (epíscopos e diáconos) e deram, além disso, instruções no sentido de que, após a morte deles, outros homens comprovados os sucedessem em seu ministério" (44, 1.2).

Dois parágrafos adiante, esses homens comprovados serão denominados presbíteros da comunidade (44, 4). Tudo indica que para São Clemente o termo presbítero tem um significado todo particular, de tal modo que ele irá indicar as funções dos epíscopos em correspondência com a dos presbíteros. É o que lemos em algumas passagens como nos cap. 47, 6 e 57, onde ele lança uma exortação aos fiéis revoltados da Igreja de Corinto: "Vós pois que destes origem à revolta submetei-vos aos presbíteros".

Por presbíteros ele está designando os epíscopos e diáconos. É interessante considerarmos o termo epíscopo, que justamente sugere a ideia de alguém que vela sobre algo, donde a função de supervisor, de vigilância. O termo diácono aponta para o fato de se estar a serviço de, ou ainda, ele é o servidor, o colaborador dos epíscopos em sua função de vigilância. A vigilância, exercida pelos epíscopos com a colaboração dos diáconos, é definida, pelo próprio São Clemente, através de duas expressões: serviço à comunidade e apresentação das ofertas (44, 3-4), a exemplo de Cristo, o Servo Sofredor (16, 1s). Não deixemos de considerar que Santo Inácio de Antioquia, em sua carta a São Policarpo, fala do episcopado *(episcopé)* como o cuidado providencial de Deus com os homens (8, 3). O mesmo termo será utilizado por Santo Irineu para descrever a função do bispo (Adv. Haer. III, 3, 3).

Na *Didaqué* e em São Clemente, o epíscopo e o presbítero estão vinculados à celebração eucarística. Cabia, portanto, ao colégio presbiteral a presidência da Eucaristia. No entanto, lê-se na *Didaqué* que a presidência era cedida à hierarquia itinerante, isto é, ao apóstolo, profeta e doutor quando um deles estava presente. Seguia-se o costume judaico de que era o mais digno quem presidia a celebração comunitária.

Nas comunidades, que tinham à frente um colégio presbiteral, designado pelos Apóstolos, esta presidência se fazia normalmente por rodízio. Não se deve, porém, perder de vista que num dado momento histórico, um dentre eles, designado pelos Apóstolos ou seus colaboradores mais próximos, como Timóteo e Tito, será considerado o mais digno, tendo, de modo definitivo, a precedência sobre os demais. Desta forma, reconhece-se claramente que o episcopado se liga diretamente aos Apóstolos, e a Igreja é considerada, mais e mais, como Apostólica, proveniente dos Apóstolos e tem à frente de cada uma delas um sucessor deles. Escreve São Clemente:

> "Assim, pois, tendo os Apóstolos recebido os mandatos e plenamente assegurados pela ressurreição do Senhor Jesus Cristo e confirmados na fé pela palavra de Deus, (...) iam estabelecendo aos que eram primícias deles — depois de prová-los pelo espírito — como bispos e diáconos dos que haviam de crer. E isto não era novidade, pois desde muito já se havia escrito acerca de tais bispos e diáconos. A Escritura, de fato, diz assim em algum lugar: estabelecereis seus bispos em justiça e seus diáconos na fé" (42).

Santo Inácio irá apresentar o episcopado de modo bastante incisivo, situando-o no interior de uma Igreja, sinal da aliança de unidade e de amor. Não esqueçamos que tal organização, como já acentuamos, está muito presente nas comunidades judeu-cristãs, como a de Jerusalém, presididas no início por um chefe pertencente, em geral, à família do Senhor. Na *Epístola aos efésios*, Santo Inácio escreve:

> "Pois, se em tão curto lapso de tempo tive tal intimidade com vosso bispo, não em sentido humano, mas espiritual, quanto mais devo felicitar-vos por estardes tão profundamente ligados a ele como a Igreja a Jesus Cristo e como Jesus Cristo ao Pai, para que todas as coisas estejam em sintonia na unidade..." (5, 1). "De fato, a todo aquele que o dono da casa envia para administrá-la, é preciso que o recebamos como se fosse aquele que o enviou. Está claro, portanto, que devemos olhar o bispo como ao próprio Senhor" (Aos Efe. 6, 1).

Esta função de unidade em relação à Igreja desdobra-se em toda atividade eclesial. Se algo é feito com o bispo é como se fora feito com a comunidade toda inteira: É obra e oração de todos. Mas é na Eucaristia que esta função atinge seu ponto culminante. O bispo a preside para que ela possa ser a oração unânime de toda a assembleia dos fiéis. Mais ainda. Não só a oração de toda a comunidade ali reunida, mas também a ausente. Em uma palavra, o bispo é a síntese (epitomização) da comunidade, isto é, ele é quem capacita a comunidade para agir como comunidade. Através dele a comunidade é una e inteira:

> "Sem o bispo, ninguém faça nada do que diz respeito à Igreja. Considerai legítima a eucaristia realizada pelo bispo ou por alguém que foi encarregado por ele. Onde aparece o bispo, aí está a Igreja Católica. Sem o bispo não é permitido batizar, nem realizar o ágape. Tudo o que ele aprova é também agradável a Deus, para que seja legítimo e válido tudo o que se faz" (Aos Esm. 8, 1.2).

Esta função essencial do bispo, sinal de unidade na caridade, desdobra-se em duas outras: a de governo e a de ensino. Todas elas, no entanto, estão ordenadas à edificação da Igreja e à santificação de seus membros. O ápice é a Eucaristia.

Santo Inácio descreve, em síntese, uma hierarquia tripartida: bispo, presbíteros e diáconos. Citando os presbíteros no plural, ele os apresenta em forma de colégio, com o encargo de assistir ao bispo na execução de suas responsabilidades. Os diáconos, ligados por Clemente intimamente aos bispos ou aos presbíteros, são designados por Santo Inácio como pessoas dedicadas a uma função em benefício de toda a comunidade. Não têm só o serviço da mesa, mas a eles se refere a vida toda da Igreja, ao mesmo tempo que são os "companheiros de serviço" do bispo. Marcando esta pertença à vida toda da Igreja, ele escreve:

> "Aquele que está dentro do santuário é puro, mas aquele que está fora do santuário não é puro; ou seja, aquele que age sem o bispo, sem o presbitério e os diáconos, esse não tem consciência pura" (Aos Tral. 7, 2).

E assinalando o trabalho conjunto de todos, ele enfatiza:

> "Saúdo o bispo digno de Deus, o respeitável presbitério, os meus diáconos, meus companheiros de serviço, e todos individualmente em comunidade, em nome de Jesus Cristo, na sua carne e no seu sangue, em sua paixão e ressurreição, na unidade da carne e do espírito com Deus e convosco" (Aos Esm. 12,2).

5. Observações sobre a sucessão apostólica no primeiro século

a) A sucessão apostólica mantém uma estreita relação com o colégio dos anciãos ou o presbitério. Não se deve, pois, perder esta perspectiva ao se refletir sobre as funções exercidas pelo bispo na edificação e no governo da Igreja.

b) Os bispos sucedem diretamente aos Apóstolos no que concerne ao exercício da função apostólica, sobretudo a de ser sinal de unidade eclesial em Cristo. Santo Inácio evoca a realidade da carne e do espírito para melhor explicitar esta verdade: Cristo é a cabeça da Igreja segundo o espírito, o bispo o é segundo a carne, o que é manifestado de modo especial na celebração eucarística:

"Sem contar com o bispo, não é lícito nem batizar nem celebrar a Eucaristia; o que ele aprova é também agradável a Deus, assim o que fizerdes será seguro e válido" (Aos Esm. 8).

c) Os diáconos são na comunidade o sinal da liberdade dos cristãos. Convidam todos a serem disponíveis e a se porem a serviço de todos.
d) As diversas comunidades cristãs não apresentam, no século I, uma estrutura igual. A Igreja não foi dada por Cristo como algo totalmente acabado. Através da história, pode-se contemplar a configuração lenta e gradual de suas estruturas graças à ação do Espírito Santo.

6. A sucessão apostólica em Santo Irineu

Entre os anos 170 e 190, homens eminentes como Hegesipo e Santo Irineu insistem na sucessão dos bispos a partir dos Apóstolos. Ela é o fundamento e a garantia da Tradição apostólica que se opõe à tradição secreta da gnose. Pela sucessão dos bispos, assegura-se a ininterrupta transmissão da verdadeira doutrina.

O primeiro texto que temos, recolhido por Eusébio em sua *História Eclesiástica*, é o de Hegesipo, judeu convertido, nascido provavelmente na Palestina. O autor, em suas andanças, cujo objetivo era informar-se junto às comunidades sobre a verdadeira tradição apostólica, passa por Corinto e, chegando a Roma, "estabelece uma sucessão até o papa Aniceto, do qual Eleutério era diácono. Sotero sucedeu a Aniceto e, após ele, veio Eleutério".

O segundo texto é o de Santo Irineu de Lyon, contemporâneo de Hegesipo, que alude às "sucessões em todas as Igrejas", atendo-se, porém, à da Igreja de Roma. Santo Irineu oferece assim para a Igreja de Roma uma sucessão que vem dos Apóstolos até o bispo de seu tempo, Eleutério. Possuímos, assim, por volta do ano 180, uma lista episcopal para a Igreja de Roma. Sua visão, no entanto, é ampla e se dirige a todas as igrejas:

"A Tradição dos Apóstolos está bem patente em todo o mundo e podem contemplá-la todos os que querem contemplar a verdade. De fato, podemos enumerar os que foram instituídos pelos Apóstolos como bispos sucessores seus até nós" (Adv. Haer. III, 2, 1).

A intenção de Santo Irineu é acentuar que a Tradição dos Apóstolos se estabelece não por um ensinamento secreto, como queriam os gnósticos, mas pelos seus legítimos sucessores. A verdadeira Tradição encontra-se na fidelidade aos ensinamentos de todas as igrejas, ensinamentos dados pelos Apóstolos e transmitidos por seus sucessores. Por isso, no texto acima citado, continua ele:

"E estes (os bispos sucessores) não ensinaram nada semelhante aos delírios (dos hereges). Porque se os Apóstolos tivessem tido conhecimento de 'mistérios ocultos', às escondidas dos demais, eles o teriam comunicado, antes que a outros, aos que eles tinham confiado às mesmas Igrejas, pois queriam que estes fossem perfeitos e irrepreensíveis em todos os aspectos. Eles os deixavam como sucessores seus para ocupar sua própria função de mestres" (Id. ib.).

Para compreender o pensamento de Santo Irineu, faz-se necessário, ao menos, traçar os argumentos principais dos gnósticos, de Marcião em particular:

a) Os gnósticos sustentam a presença na Bíblia de textos corrompidos, o que impossibilita estabelecer a partir dela a sucessão apostólica.
b) Mesmo que pudéssemos chegar aos textos bíblicos, deve-se confessar que nem todos são de origem apostólica.
c) Ainda que tivéssemos os textos de origem apostólica, é preciso não esquecer que a Sagrada Escritura se contradiz.

Daí afirmarem os gnósticos que a verdadeira Tradição é a que eles possuem, isto é, o ensinamento transmitido dos Apóstolos a um mestre e deste aos discípulos. É um conhecimento especial, secreto, dado por Cristo a alguns dos Apóstolos: é a *parádosis* (tradição) autêntica, conservada na gnose por uma sucessão de mestre a discípulo.

Em resposta, Santo Irineu afirma que Cristo transmitiu seus ensinamentos, não só a alguns, mas a todos os Apóstolos. E a Igreja, em relação a tais ensinamentos, deve ser fiel, conservando-os, dando sua adesão, pela fé e pela vida e, finalmente, transmitindo-os, pela proclamação e pelo ensinamento. A Igreja cumpre esta missão, "graças à sucessão dos bispos". A fidelidade a Cristo não depende, pois, da comunicação do mestre ao discípulo, mas da sucessão dos bispos a partir dos Apóstolos. A Tradição não é entendida por Santo Irineu como uma doutrina ou um mero conhecimento a ser guardado e transmitido. Ela é uma vida que se transmite: é a própria vida da Igreja. E a fé é encontrada, professada e transmitida nesse ambiente vital da Igreja:

"Esta pregação que ela recebeu, e esta fé que apresentamos, a Igreja, permanecendo presente por todo o mundo, a guarda escrupulosamente, como se ela vivesse em uma única morada. E igualmente, ela crê em todos estes artigos, como se ela fosse uma só alma e um só coração. Ela a anuncia de maneira coerente, a ensina e a transmite, como se ela fosse uma única voz" (Adv. Haer. I, 10, 1-3).

Nesta perspectiva, Santo Irineu sustenta que, em todas as igrejas, pode-se estabelecer um quadro "genealógico". Porém, acrescenta ele, traçar a sucessão episcopal de todas elas seria muito fastidioso. Donde "tomarmos a Igreja mais importante, mais antiga e conhecida de todos, que os dois mui gloriosos apóstolos Pedro e Paulo fundaram e estabeleceram em Roma" (Id. III, 3, 2).

Ele enumera, então, para a Igreja de Roma onze bispos, concluindo:

"Pois é com esta Igreja, por força de sua maior autoridade (advinda de sua fundação), que toda a Igreja deve necessariamente estar de acordo, isto é, os fiéis de toda parte; esta Igreja que a despeito daqueles que provêm de toda parte (os heréticos) conservou a Tradição que vem dos Apóstolos" (Id. III, 3, 2).

Este texto foi aprofundado e explicitado de modo diverso. Para alguns, num primeiro momento, ele estaria dizendo, tão simplesmente, que a sucessão apostólica pode ser apreendida por toda parte. No entanto, não se pode deixar de levar em conta a Igreja mais importante, à qual todas as outras devem estar de acordo. Teríamos, assim, um texto decisivo do primado da Igreja de Roma.

Num segundo momento, o texto estaria se referindo à Igreja Católica "constituída de fiéis de toda parte e que conservou a tradição que vem dos Apóstolos". Santo Irineu estaria fazendo o seguinte raciocínio: Em Lyon encontramos o bispo Fotino, à frente de uma comunidade cristã, que existia antes dele. Os cristãos não se denominam, todavia, fotinianos, como os discípulos de Marcião se chamam marcionitas, pois os cristãos pertencem a uma Igreja, que compreende todas elas. Em outras palavras, eles não estão só unidos à Igreja particular de Lyon, mas à Igreja Católica. Por isso a comunidade de Lyon não se reduz a uma seita, mas ela forma uma, em sua vida de fé, com esta que está presente por todo o mundo, formada de Pessoas que vêm de toda parte.

Neste sentido, Santo Irineu está se referindo à Igreja de Roma como o tipo por excelência da Igreja Apostólica: muito grande, antiga, conhecida de todos, fundada sobre os Apóstolos. Poder-se-ia dizer que seria muito grave uma igreja estabelecer comunhão com as igrejas de Éfeso e de Esmirna e não estar unida à igreja de Roma. Por outro lado, a comunhão com a igreja de Roma exige a comunhão com as demais igrejas, o que não deixaria também de destacar, de modo especial, o primado da Igreja de Roma.

Em conclusão, podemos dizer que os textos de Hegesipo e de Santo Irineu falam da Tradição apostólica conservada e transmitida, graças à sucessão episcopal. Outrossim, Santo Irineu acentua a necessidade de se ouvirem os bispos *(epíscopoi)* nas igrejas, pois eles receberam, em sua ordenação, o carisma da verdade. Deste modo, ele ressalta que a sucessão dos bispos é condição essencial para uma correta leitura das Escrituras. A Sagrada Escritura é mensagem de salvação e, quando lida e meditada na fé, conduz o cristão ao Cristo e alimenta sua verdadeira vocação:

> "Os que são sucessores dos apóstolos, como o demonstramos, e que com a sucessão no episcopado receberam o carisma seguro da verdade segundo o beneplácito do Pai. Quanto a todos os outros, que se separam da sucessão principal e em qualquer lugar que se reúnam, devem ser vistos com desconfiança, como hereges e de má-fé, como cismáticos cheios de orgulho e de suficiência, ou ainda, como hipócritas que fazem isso à procura de lucro e de vanglória" (Adv. Haer. IV, 26, 2).

III

Unidade e Diversidade

Há na Igreja dos primeiros séculos uma consciência muito viva da unidade da Igreja, compreendida não como uniformidade. A unidade, aliás, constitui o referencial teológico dos primeiros cristãos em sua experiência de fé e em sua vivência eclesial. Essencial à Igreja, ela é reconhecida, alimentada e fortalecida, não só num determinado momento da vida da Igreja, mas em todos os tempos e lugares, erigindo-se como quadro eclesiológico, no interior do qual se processa, em dependência da Sagrada Escritura, a reflexão teológica e se elaboram critérios para orientar e normatizar a vida dos cristãos. Uma das mais significativas expressões desta unidade abrangendo toda a Igreja são os Concílios Ecumênicos, onde ela se torna presente e as verdades de fé são definidas para todos os tempos.

Consideremos, primeiramente, a unidade, característica essencial da Igreja, para então melhor situarmos a pluriformidade. Aliás, esta só pode ser lida e avaliada devidamente em sua relação intrínseca com a unidade. A Igreja é, por conseguinte, una em sua pluriformidade.

Finalmente, tentaremos mostrar, no pensamento dos primeiros séculos, quanto é essencial à Igreja um princípio visível de unidade. Destacaremos elementos importantes, que serão aprofundados no capítulo seguinte, sobre a Igreja de Roma e o primado do sucessor dos Apóstolos São Pedro e São Paulo.

1. O Espírito Santo, princípio interior da unidade na diversidade

Em todas as nossas considerações, não se pode esquecer o que os Santos Padres, particularmente Santo Irineu, disseram sobre a presença do Espírito Santo (caráter pneumatológico) na Tradição. De tal forma que a Tradição é definida como a vida da Igreja no Espírito Santo:

"Mateus diz a respeito do batismo do Senhor: 'Abriram-se os céus e veio o Espírito de Deus que desceu em forma de pomba e veio sobre ele. E uma voz que vinha dos céus dizia: Tu és meu Filho amado, em quem coloquei minha complacência'" (3, 6s). Não que o Cristo tenha descido em Jesus naquele momento, nem se pode pensar que um é o Cristo e outro é Jesus; mas é o Verbo de Deus, o Salvador de todos e o Senhor do céu e da terra, que é Jesus, como já assinalamos, que assumiu a natureza humana e foi ungido pelo Pai com o Espírito (...). Por conseguinte, o Espírito de Deus que pelos profetas prometeu conferir-lhe a unção, desceu sobre ele para que nós, recebendo da superabundância da unção dele, nos salvássemos" (Adv. Haer. III. 9, 3).

Valioso é o testemunho de Santo Irineu a respeito da existência de carismas distribuídos pelo Espírito divino. Ao mesmo tempo que rejeita as heresias, ele acentua os dons, concedidos pelo Espírito Santo, no interior da Igreja:

"Sabemos que muitos irmãos, na Igreja, possuem o carisma profético e, pelo Espírito, falam todas as línguas, revelam as coisas escondidas dos homens, para sua utilidade e expõem os mistérios de Deus. O Apóstolo os chama espirituais. Não pela supressão da carne, mas pela participação do Espírito" (Adv. Haer. V, 6, 1).

E na *Demonstração da Pregação dos Apóstolos*, ele escreve:

"Outros não aceitam os dons do Espírito Santo e repelem para longe deles o carisma profético, graças ao qual o homem, quando invadido por ele, produz como fruto a vida de Deus" (Epid. 99).

Finalmente, deveríamos destacar a bela consideração de Santo Irineu, que ressalta o Espírito Santo como princípio vivificante da fé e da Igreja:

"E nós guardamos fielmente, com cuidado, pela ação do Espírito de Deus, esta fé que recebemos da Igreja, como depósito de grande valor em vaso precioso, que se renova e renova o próprio vaso que a contém. A Igreja, com efeito, é consciente de ser depositária deste dom de Deus, como o sopro de vida inspirado na obra modelada, para que sejam vivificados todos os membros que o recebem. É nela também que foi depositada a comunhão com o Cristo, isto é, o Espírito Santo, penhor de incorrupção, confirmação da nossa fé e escada para subir a Deus". É neste contexto que encontramos a belíssima frase, já citada: "Porque onde está a Igreja, ali está também o Espírito de Deus. E ali onde está o Espírito de Deus, ali está a Igreja e toda a graça. E o Espírito é a verdade" (Adv. Haer. III, 24, 1).

2. A unidade, característica essencial da Igreja

A eclesiologia dos primeiros séculos está vinculada à cristologia e à pneumatologia, fundamento da unidade na fé e no amor que, por sua vez, postulam exigências concretas de comunhão eclesial. Se a Igreja tem uma dimensão terrena, ela não se reduz às realidades humanas, pois possui uma dimensão sobrenatural.

Ela é assim descrita pelos Santos Padres, de modo particular, em sua natureza espiritual, que lhe é essencial e a distingue de todas as sociedades humanas.

Descreve-se a Igreja como lugar privilegiado para se chegar à união com Deus na participação de sua vida divina. Por isso mesmo, a Igreja é comparada muitas vezes ao Paraíso terrestre, onde se realiza de modo intenso, graças à presença atuante do Espírito Santo, a "deificação" do homem, ou seja, onde se processa, no dizer de São Gregório de Nissa, "a saída do labirinto da morte" (Or. Catech. Magna, cap. 35), ou, como já dizia Santo Atanásio: "Com efeito, o Corpo de Cristo, ao qual nos unimos pelo batismo, constitui a raiz de nossa ressurreição e de nossa salvação" (Or. contra arianos III, n.13).

Só se compreende a Igreja nesta união com Deus, da qual ela é sinal sacramental. Tal unidade é alimentada e expressa na recepção do sacramento do corpo e sangue de Cristo, tão bem elucidada pelas palavras de São João Crisóstomo:

> "Conheçamos a maravilha deste sacramento, o objetivo de sua instituição e os efeitos que produz. Tornamo-nos um só corpo, segundo a Escritura, membros de sua carne, e ossos de seus ossos. Isto é o que realiza o alimento que Ele nos dá: Ele se une conosco a fim de que nos tornemos uma só coisa, como um corpo unido à cabeça".

A fonte da união com Deus é Cristo, cabeça da Igreja, da qual somos membros. O *Pastor de Hermas* a compara a uma torre, sendo "a rocha e a porta da torre o Filho de Deus" (I, III, c.1e). É Ele quem difunde o Espírito Santo em todos os irmãos, vivificando-os e concedendo-lhes uma única vida. São Clemente de Roma convoca a Igreja de Corinto a viver e a manifestar esta unidade, que lhe é fundamental:

> "Por que existem entre vós disputas, ódio, contendas, cismas e guerra? Por acaso não temos um só Deus, um só Espírito da graça derramada sobre nós, e uma só vocação em Cristo? Por que separamos e despedaçamos os membros de Cristo, nos revoltamos contra o próprio corpo, e chegamos a uma demência tal, que nos esquecemos de ser membros uns dos outros?" (cap. 46).

A Igreja, na comunhão com Deus, concretiza a comunhão entre os homens e é, no dizer de São Cipriano, "perene fonte de vida para toda a humanidade" (De Unit. c. 5). Orígenes proclama, também de modo incisivo, que "a Igreja, iluminada pelo esplendor do Cristo, torna-se também ela luz do mundo" (Hom. in Gen. 1, 5). Escreve Santo Ireneu:

> "Esta pregação, esta doutrina, que a Igreja recebeu, mesmo espalhada por todo o mundo, ela as guarda com cuidado, como se morasse numa só casa, e crê do mesmo modo, como se possuísse uma só alma e um só coração; unanimemente as prega, ensina e entrega, como se possuísse uma só boca. Assim, embora pelo mundo sejam diferentes as línguas, o conteúdo da Tradição é um só e idêntico" (Adv. Haer. I, 10, 2).

A Igreja é, portanto, como a descreve Santo Inácio de Antioquia, aliança de unidade e de amor. A insistência é sobre a unidade da Igreja, expressão máxima de sua natureza divina e de sua união com Jesus e com o Pai no Espírito Santo.

Esta unidade e "caridade harmoniosa", sinal do mistério trinitário, é vivida e se torna visível, como já frisamos referindo-nos a Santo Inácio, na comunhão com o bispo, com as demais comunidades cristãs e no combate às heresias. É justamente esta concordância fundamental, esta unidade intrínseca, que o bispo de Antioquia designa de Igreja Católica. Escreve ele aos esmirnenses:

> "Onde quer que se apresente o bispo, ali também está a Igreja, assim como a presença de Jesus Cristo também nos assegura a presença da Igreja Católica" (8, 2).

Terminamos estas considerações, recordando São Cipriano, que concebe a Igreja como procedendo de Deus *(de divina firmitate venientem)* e participando da forma unitiva do próprio Deus *(sacramentis caelestibus cohaerentem)*. A Igreja é imagem visível, sinal sacramental, da Santíssima Trindade:

> "É o povo reunido na unidade do Pai e do Filho e do Espírito Santo" (De Or. Dom. 23: "*Sacrificium Deo maius est pax nostra et fraterna concordia, et de unitate Patris, et Filii, et Spiritus Sancti, plebs adunata*").

3. A pluralidade na unidade

A unidade avigora-se justamente quando ela é capaz de ser vivida e experimentada em expressões e concretizações diferentes, segundo os tempos e lugares. No entanto, a multiplicidade pode prejudicar a unidade, chegando a um particularismo tal que a faz afastar-se da unidade fundamental e mesmo negá-la.

Assiste-se, assim, nos primeiros séculos ao surgimento de movimentos, que quebraram essa unidade e são denominados heréticos, como o docetismo, o arianismo, o pelagianismo e tantos outros. Os Santos Padres os combatem e, ao mesmo tempo, apresentam uma concepção cristã do mundo e do homem, fiéis à mensagem do Senhor Jesus e à Tradição, movidos pelo Espírito Santo, que anima e guia a Igreja, e constitui o princípio interior e divino de sua unidade.

A diversidade, sem quebra da unidade, não é algo estranho à Igreja e já bem cedo está presente nela. No Novo Testamento são mencionadas as duas formas de catequese: a catequese aos Hebreus e aos Gentios. É o surgimento, pouco a pouco, da chamada Igreja dos gentios e a da circuncisão. Em Roma, na Igreja de Santa Sabina, existe um belo mosaico do tempo do papa Celestino (422-432) e ao lado a grande inscrição representando duas figuras femininas, cada uma delas com um livro. Embaixo a inscrição: "*ecclesia ex circumcisione*" e "*ecclesia ex gentibus*". Acima as figuras de São Pedro e São Paulo.

Outro fato que revela essa diversidade ou a unidade na variedade diz respeito às escolas teológicas de Antioquia e de Alexandria, com características próprias e com um modo específico de interpretar a Sagrada Escritura. A Igreja de Alexandria, por exemplo, acentua na sua reflexão cristológica, principalmente, o Verbo preexistente, o Filho de Deus gerado desde toda a eternidade, enquanto os antioquenos frisam a humanidade do Senhor Jesus Cristo, o Filho de Deus. Segundo tais perspectivas, temos uma terminologia teológica diferente, o que levará muitas vezes seus intérpretes a não se compreenderem. Os alexandrinos, preocupados em tornar a Bíblia acessível e compreensível às pessoas de boa formação intelectual, irão desenvolver uma exegese de tipo alegórico. Eles partem do sentido literal, refletem sobre o alcance moral para chegar ao sentido escondido, ao ensinamento último ou, como escreve Orígenes, ao sentido espiritual da letra. Os antioquenos estão mais atentos ao contexto histórico, às diferenças linguísticas e às características gramaticais para se chegar ao significado literal do texto. Isto não significa que os alexandrinos se descuidem da análise literal do texto e os antioquenos não façam belíssimas interpretações tipológicas, na linha de uma exegese alegórica do Antigo Testamento.

Há, pois, formas diversas de exprimir a fé e mesmo maneiras diferentes de ler a Sagrada Escritura. Mas a própria discussão entre ambas as Igrejas mostra a necessidade de se conservar a unidade. Ou ainda. No trabalho teológico e exegético, é essencial ser fiel à verdade. Os Santos Padres, como Santo Inácio, afirmam que só se é seguro de estar na verdade quando se vive em comunhão com o bispo, e São Cipriano acrescenta, e o bispo vive a comunhão, na medida em que comunga com os demais bispos, particularmente, com o bispo de Roma.

Não nos esqueçamos do Concílio de Éfeso (ano 431). Quantas discussões e mesmo incompreensões entre os bispos de Alexandria e de Antioquia! Mas como também foi vigoroso o desejo de se viver a comunhão. O valor e o sentido da unidade da Igreja levaram João de Antioquia e Cirilo de Alexandria a assinarem o edito de união, superando suas diferenças teológicas.

É-nos conhecida a intervenção de Santo Irineu na discussão sobre a questão pascal, no final do século II. Ele procura mostrar como existem, na Igreja, costumes e práticas diferentes, uma riqueza de liturgias e tradições espirituais. Há também formulações diferentes da fé. Todavia, tais diferenças, em vez de enfraquecer a unidade na fé, devem levar a fortalecê-la.

A consciência de que a unidade é fundamental à Igreja é atestada pela unanimidade dos Santos Padres, que veem como seu sinal visível a Igreja de Roma, a Igreja dos Apóstolos Pedro e Paulo e à qual se referem com profunda veneração, exaltando sua dignidade por terem sido "os dois mui gloriosos Apóstolos Pedro e Paulo que a fundaram e a estabeleceram" (Santo Irineu, Adv. Haer. III, 3, 2).

IV

Primado da Igreja de Roma

No CAPÍTULO ANTERIOR, vimos como Santo Irineu destaca, de modo todo particular, a Igreja de Roma, por ser ela a igreja dos gloriosos Apóstolos Pedro e Paulo:

> "Assim, pois, a Tradição dos Apóstolos, manifestada no mundo inteiro, é em toda Igreja que ela pode ser vista por todos os que querem ver a verdade. E nós poderíamos enumerar os bispos que foram estabelecidos pelos Apóstolos nas Igrejas, e seus sucessores até nós. Mas como seria muito longo, numa obra como esta, enumerar as sucessões de todas as Igrejas, nós tomamos somente uma dentre elas, a Igreja maior, mais antiga e conhecida de todas, que os dois mui gloriosos Apóstolos Pedro e Paulo fundaram e estabeleceram em Roma. Mostrando que a Tradição que ela tem dos Apóstolos e a fé que ela anuncia aos homens chegaram até nós pela sucessão dos bispos, confundiremos todos os que, de alguma maneira, por enfatuação ou vanglória, ou por cegueira e erro doutrinal, constituem grupos ilegítimos: pois, com esta Igreja, em razão de sua origem mais excelente, deve necessariamente se harmonizar toda Igreja, isto é, os fiéis de toda parte, ela que sempre, em benefício de todos os povos de toda parte, conservou a Tradição que vem dos Apóstolos" (Adv. Haer. III, 3, 1-2.3).

Esta referência, que é constante na Patrística, não só a Pedro, mas também a Paulo, é muito significativa e traz consequências teológicas para uma reta compreensão do sentido da sede romana no conjunto de toda a Igreja. Tertuliano irá se limitar a afirmar que o poder de atar e desatar foram privilégios pessoais de São Pedro, não cabendo a nenhum outro bispo, e que os Apóstolos Pedro e Paulo morreram em Roma.

Belíssimas, nesse sentido, são as considerações de São Cipriano, que proclama a Igreja de Roma como sendo a principal e a origem da unidade sacerdotal, pois fundada sobre Pedro, fundamento da unidade. Pergunta ele:

> "Quem pode confiar que está na Igreja caso se separe da cátedra de Pedro sobre a qual a Igreja foi fundada?" (De Unit. 4).

E o próprio bispo de Cartago, São Cipriano, irá reconhecer ao bispo de Roma o poder de intervir em "matérias de suficiente importância e gravidade", mesmo quando teve de dar explicações a Roma a respeito da perseguição no problema dos *"lapsi"* (cristãos que durante as perseguições do séc. III aceitaram participar de um sacrifício pagão aos deuses de Roma. Como reintegrá-los?).

1. O ministério do Apóstolo São Pedro

Em todo o Novo Testamento, São Pedro é o mais citado dentre os discípulos de Cristo. O título *Kepha* — pedra, rocha, em aramaico, *cefas* em grego —, que ele recebe de Jesus, segundo um costume dos judeus que gostavam de dar sobrenomes típicos às pessoas, indica, não tanto uma qualidade pessoal de Pedro, mas antes uma função no sentido cristológico e eclesiológico. Essa função específica já pode ser entrevista em 1Cor 15,5, cujo texto remonta a uma tradição bem antiga, e que diz ser ele o primeiro a quem o Ressuscitado apareceu. Sendo atentos, verificamos que é todo o Novo Testamento que, de uma ou outra maneira, se refere com destaque ao Apóstolo São Pedro. E bem sabemos que a função primordial dos Apóstolos é a de serem testemunhas da Ressurreição.

São significativas as palavras do Apóstolo São Paulo, que confessa a necessidade de ir a Jerusalém para ver Pedro e Tiago, com os quais permanece certo tempo. Esse encontro com as autoridades de Jerusalém constitui uma exigência de seu trabalho:

> "Subi em consequência de uma revelação. Expus-lhes o Evangelho que prego entre os pagãos, e isso particularmente aos notáveis, a fim de não correr ou de não ter corrido em vão" (Gl 2,2).

Na lista dos Apóstolos, no Evangelho de São Marcos, Simão é citado em primeiro lugar (Mc 3,16). São Pedro goza da máxima confiança de Jesus (Mc 5,37; 9,2; 14,33). Só ele ousa dirigir a Cristo uma admoestação (Mc 8,32). No Evangelho de São Lucas, são expressivas as palavras de Jesus: "Simão, Simão, eis que Satanás vos reclamou para vos peneirar como o trigo, mas eu roguei por ti para que a tua confiança não desfaleça; quando, porém, te converteres, confirma teus irmãos" (Lc 22,31s). São Pedro é assim considerado o representante de todo o grupo dos discípulos.

Estas passagens, entre outras, como a do Evangelho de São João em que, na pesca milagrosa, se é João o discípulo amado que reconhece Jesus, Pedro é o primeiro a encontrá-lo, querem exprimir, embora ainda não explicitamente, uma função especial que está reservada ao Apóstolo São Pedro. É o que também reflete uma outra passagem do mesmo Evangelho, quando Jesus disse a Simão Pedro: "Simão, filho de João, amas-me mais do que estes?" (Jo 21,15ss). Pedro recebe o encargo de apascentar seus cordeiros, sugerindo o encargo de direção da comunidade.

Essa função de São Pedro diante da comunidade aparece mais claramente na Igreja de Jerusalém. Ele ocupa uma posição especial na eleição de Matias (At 1,15) e é São Pedro quem toma a palavra diante da multidão que se reunira por ocasião de Pentecostes (At 2,14). Ele não só professa o nome de Jesus no Sinédrio (At 4,8-12) como também representa a autoridade da comunidade no caso de Ananias e Safira (At 5,1-11). Todos estes textos evidenciam a autoridade que São Pedro exerce na comunidade em nome de Jesus. E isto estando presentes os outros Apóstolos.

2. Função eclesial de São Pedro

O ministério do Apóstolo São Pedro configura-se, no contexto comunitário, como a pedra sobre a qual Cristo edifica a sua Igreja, ou seja, ele é de modo especial testemunha do Ressuscitado, devendo confirmar seus irmãos que com ele exercem o mesmo ministério. Nele todo cristão encontra significado, o que é preciso crer e o que é necessário fazer quando se é discípulo de Cristo. Ele é o protótipo da vocação apostólica.

Todo o encargo eclesial de São Pedro baseia-se no amor incondicional ao Ressuscitado. Sua função, portanto, não lhe pertence, mas só pode existir enquanto se mantiver em dependência ao Espírito do Senhor. É a força de Deus que o norteia e não um interesse humano, qualquer que seja.

Seu ministério revela-se, pois, essencial à Igreja. Graças a ele pode-se reconhecer o que seja ser cristão; os irmãos no ministério são confirmados, e a Igreja guarda a unidade que lhe é fundamental. Pedro, como todos os outros Apóstolos, recebe seu apostolado de Deus, a quem se liga em sua vocação. Entre estes que exercem o mesmo ministério, ele, porém, é o primeiro: *Primus inter pares*.

3. São Pedro em Roma

A interpretação unânime da Patrística quanto a 1Pd 5,13, onde se fala da "Igreja escolhida de Babilônia", leva a crer que a carta teria sido escrita na capital do Império. Ademais, há toda uma tradição, bastante antiga e unânime, entre as quais a epístola de São Clemente de Roma e a referência de Santo Irineu, que atesta a presença de São Pedro em Roma.

É também unânime entre os Padres da Igreja o fato de o considerarem mártir e de ter sido ele morto durante a perseguição de Nero. Como já vimos anteriormente, esta foi uma perseguição local que daria origem ao recurso jurídico do "Precedente de Nero". Daí as palavras de São Clemente de Roma:

"Fixemos nossa vista sobre os valorosos Apóstolos. Pedro, que por ciúme injusto não suportou apenas uma ou duas, mas numerosas provas e, depois de assim render testemunho, chegou ao lugar merecido da glória" (5, 3-4),

Esta referência constitui claramente a indicação de algo que se passara em sua própria comunidade. Temos ainda o testemunho de Caius. Por volta do ano 200, há em Roma um personagem que Eusébio chama com um nome eclesiástico, Caius, o qual mantém um debate com um montanista asiático de Heliópolis, Proclus. Para dar consistência à sua argumentação, Proclus afirma que em Heliópolis se encontra o túmulo de Filipe. Ao que Caius responde:

"Da minha parte, eu posso mostrar os troféus dos Apóstolos. Se tu queres ir ao Vaticano ou ao caminho de Óstia, tu encontrarás os troféus dos que fundaram esta Igreja" (Eus. H.E. II, 25, 5-7).

A palavra troféu não designa diretamente um túmulo, comporta de preferência a ideia de vitória e poderia ser aplicada para designar um monumento comemorativo do martírio. Todavia, diante do argumento de Proclus, Caius estaria opondo "túmulo a túmulo", o que nos leva a reconhecer aqui a indicação do túmulo de São Pedro e de São Paulo. O termo troféu era também, na época, utilizado para designar o corpo de alguém que morrera. Por exemplo, ele é empregado para referir-se ao corpo glorioso de Cristo. Segundo esta versão, Caius estaria falando do corpo dos Apóstolos São Pedro e São Paulo.

4. O ministério do Apóstolo São Paulo

Cabe ao Apóstolo São Paulo estender a Igreja para além do povo judeu, a fim de acolher também os gentios. Sua vocação é exposta nos Atos dos Apóstolos:

"Porque este homem é para mim um instrumento escolhido, que levará o meu nome diante das nações, dos reis e dos filhos de Israel" (At 9,15).

O próprio São Paulo, quando se encontra diante do rei Agripa e do governador Festus, recorda as palavras que Ananias lhe dirigiu, por ocasião de seu batismo:

"O Deus de nossos pais te predestinou, para que conhecesses a sua vontade, visses o Justo e ouvisses a palavra de sua boca, pois lhe serás, diante de todos os homens, testemunha das coisas que tens visto e ouvido" (At 22,14s). Em outra passagem, o próprio Ressuscitado vai lhe dizer: "Eu te escolhi do meio do povo e dos pagãos, aos quais agora te envio, para abrir-lhes os olhos, a fim de que se convertam das trevas à luz e do poder de Satanás a Deus, para que, pela fé em mim, recebam perdão dos pecados e a herança entre os que foram santificados" (At 26,17s).

São Paulo recebe, pois, uma tarefa que não é estranha aos outros Apóstolos, mas ele será, de modo especial, sinal da abertura da Igreja para o mundo. Ela não se opõe à missão de São Pedro. Pelo contrário. Paulo não quer ser sem Pedro. Ele vai a Jerusalém para apresentar aos "de maior consideração" o Evangelho que pregava entre os gentios, "a fim de não correr ou de não ter corrido em vão" (Gl 2,2). Cristo mesmo deseja para sua Igreja tanto Pedro como Paulo: "Aquele cuja ação fez de Pedro o apóstolo dos circuncisos fez também de mim o dos pagãos" (Gl 2,8).

Os Atos dos Apóstolos refletem este paralelismo entre São Pedro e São Paulo: da missão entre os judeus chega-se à evangelização dos pagãos; vai-se de Jerusalém a Roma. Não que os dois estejam em campos diferentes e separados. São Pedro acolhe na Igreja Cornélio e os seus; São Paulo inicia sua pregação normalmente nas sinagogas das cidades aonde ele chega para estabelecer uma comunidade cristã. São Pedro deixa Jerusalém, e São Paulo a ela retorna.

A comunidade primitiva estaria, portanto, insistindo na correspondência dos ministérios dos dois Apóstolos, Pedro e Paulo, como expoentes significativos na edificação da Igreja nascente.

5. São Paulo em Roma

O mesmo que encontramos para São Pedro, temos em relação a São Paulo: a unanimidade da Tradição antiga no que se refere à sua permanência na cidade de Roma. Ademais, conhece-se o desejo de São Paulo, acalentado desde muito, de ir a Roma, depois de sua viagem a Jerusalém. Por isso, ele apela ao tribunal de César (At 25,10s). Em Roma, São Paulo segue o método de sempre. Anuncia o Evangelho em primeiro lugar aos judeus e, diante da dureza de seus corações, ele proclama: "Ficai, pois, sabendo que aos gentios é enviada agora esta salvação de Deus: e eles a ouvirão" (At 28,28).

São Paulo sente-se impelido a ir a Roma para realizar, de modo conclusivo, a sua missão. Roma é o lugar de encontro do mundo com o Evangelho, força de santificação e de transformação. Não basta Pedro se encontrar em Roma, Paulo também aí deve estar para que a Igreja, em sua plenitude, seja manifestada a todos os homens.

6. Igreja de Roma, Igreja dos Apóstolos São Pedro e São Paulo

É bem expressivo o testemunho de toda a Igreja primitiva, referindo-se à Igreja de Roma como à Igreja de Pedro e de Paulo. É-nos conhecida a frase de Santo Irineu, que fundamenta a dignidade da Igreja de Roma no fato de terem sido "os dois mui gloriosos Apóstolos Pedro e Paulo que a fundaram e a estabeleceram". E ele acrescenta outra afirmação, muito significativa:

> "Pois com esta Igreja (falando no contexto da Igreja de Roma), por força de sua autoridade, devem estar de acordo todas as outras igrejas, porque nela os cristãos de todos os lugares receberam intacta a tradição apostólica" (Adv. Haer. III, 3, 2).

Com estas palavras, Santo Irineu quer simplesmente dizer que a Igreja de Roma é superior, pela sua origem, a todas as demais igrejas, pois ela foi fundada pelos apóstolos Pedro e Paulo. Na busca constante da verdade, a fé por ela conservada e professada é a consolidação da fé, que está presente em todas as outras igrejas. A Igreja de Roma tem, assim, o primado de origem e de autoridade e a ela todas as demais igrejas devem se adequar.

Ademais, na própria intenção teológica da estruturação dos Atos dos Apóstolos, São Lucas deseja mostrar que o Evangelho passa de Jerusalém para a nova capital "espiritual" do mundo, Roma. Assim toda a primeira parte dos Atos gravita ao redor de São Pedro, enquanto a segunda parte se orienta para Roma, onde a Palavra de Deus seria pregada, "com toda a liberdade e sem proibição" (At 28,31). Tudo agora gravita ao redor de São Paulo, embora, como já foi salientado, as atividades dos dois, muitas vezes, se interpenetrem.

Confirmando ainda mais esta posição da Igreja de Roma, constatamos que algumas igrejas locais, já nos primeiros séculos, são consideradas pontos de referência para as demais. São as "sedes apostólicas" *(Sedes Apostolicae)*, assim distinguidas por terem sido o local onde um apóstolo exerceu seu ministério ou deu sua vida no testemunho de Cristo. A este respeito escreve Tertuliano:

> "Percorrei as igrejas apostólicas onde as próprias cátedras dos Apóstolos presidem ainda em lugar deles, onde se leem suas cartas autênticas, que constituem eco de suas vozes e tornam presente cada um deles. Estais próximos da Acaia: tendes Corinto. Não estais longe da Macedônia: tendes Filipos; se podeis ir para o lado da Ásia: tendes Éfeso; se estais nos confins da Itália, tendes Roma, cuja autoridade nos confere também apoio" (De praescr. haer. 36).

Tais igrejas, que não devem ser confundidas com os patriarcados, serão igrejas-referências, às quais se deve recorrer em caso de discrepância ou de polêmicas doutrinais. Não esqueçamos que já nestes dois primeiros séculos existe um bom número de heresias. Entre tais "sedes apostólicas", Roma ocupa um lugar preeminente. Não que seja ela a única, mas, por força da presença e do martírio nela dos Apóstolos São Pedro e São Paulo, ela terá um lugar de destaque entre as demais igrejas, como critério de autêntica fé apostólica. É o que se deduz das palavras de Santo Irineu, quando deseja estabelecer a sucessão episcopal das diversas igrejas: "tomemos a Igreja mais importante, mais antiga e conhecida de todos".

A preeminência da Igreja de Roma está, portanto, profundamente vinculada aos dois Apóstolos São Pedro e São Paulo, que jamais devem ser dissociados na compreensão teológica da Igreja de Roma. Pelo ministério exercido por eles, na pregação do Evangelho e na edificação da Igreja de Cristo, entre os judeus e os pagãos, eles significam a Igreja em sua plenitude. Os sucessores de São Pedro, na cátedra de Roma, terão diante de si sempre as palavras do Mestre: "Confirmai vossos irmãos". E, na medida em que os confirmam na fé e na prática da fé, eles constituirão sinal de "unidade na caridade" para toda a Igreja, difundida pelo mundo inteiro. É interessante notar que esta preeminência da Igreja de Roma é mesmo anterior ao estabelecimento do cânon do Novo Testamento.

Voltamos a recordar que tais sedes apostólicas não se confundem com os patriarcados, que só surgirão bem mais tarde. Estes terão, posteriormente, uma função, sobretudo, organizativa e administrativa no interior da Igreja, já aceita pelo império Romano.

V

Dois Acontecimentos Ligados à Igreja de Roma

Dois FATOS PRINCIPAIS, que ocorreram neste século II, ajudam a compreender a relação da Igreja de Roma com as outras igrejas: A *Carta* de São Clemente de Roma *aos Coríntios* e a Questão Pascal.

1. Relação entre as Igrejas de Roma e Corinto

A epístola de São Clemente Romano atesta a consciência da responsabilidade da Igreja de Roma em relação às demais igrejas, especialmente a de Corinto. Na Igreja de Corinto os fiéis tinham-se revoltado contra seus presbíteros, chegando mesmo a destituí-los de seus cargos. Clemente esforça-se para reconciliá-los fazendo-os voltar à paz e unidade. Essa intervenção de Roma deverá ser compreendida no contexto preciso da época. Revela, sem dúvida, certa relevância da Igreja de Roma, embora não se deva ver aí já a presença plena do seu primado. Não deixa, porém, de ser uma primeira manifestação histórica da sua primazia.

a) *Intervenção fraterna*

A Igreja de Roma coloca-se numa atitude de grande humildade perante a Igreja de Corinto. Tanto uma como outra confessa a necessidade de se pôr diante dos exemplos do passado e dos conselhos válidos para todos:

> "Ao vos escrevermos tais coisas, não apenas vos levamos à reflexão, mas também nos advertimos a nós mesmos: pois nos encontramos no mesmo campo de batalha e a mesma luta nos espera" (7, 1).

Este tom fraterno impregna toda a carta, onde domina o "nós": "Vejamos o que é belo, o que é agradável e o que é aceito aos olhos daquele que nos fez (...)" (7, 3).

A carta se torna, assim, uma exortaçao na busca comum da vontade de Deus, o que, no entanto, não impede que ela assuma, por vezes, um tom mais severo. No cap. 59, 1, por exemplo, diz que se alguém não tomar em consideração seus enviados, que eles "saibam que se envolverão em pecado e perigo não pequeno". Mais ainda: o autor se considera intérprete da vontade de Deus, de modo que as admoestações devem ser recebidas como palavras que Deus lhes envia. Em outros termos, a Igreja de Roma assume uma posição idêntica à dos profetas do Antigo Testamento. São os alvores do primado da Igreja de Roma.

b) *Situação histórica de Corinto*

Embora já haja sinais, não se pode falar, a partir desta carta, de uma consciência totalmente explícita do primado da Igreja de Roma. A razão principal reside no fato de a cidade de Corinto ter ficado, após sua restauração em 44 a.C., numa dependência direta da cidade de Roma, quer econômica quer politicamente. Existem, pois, fatores externos que justificariam a autoridade exercida pela Igreja de Roma em relação à Igreja de Corinto.

Todavia, deve-se reconhecer que a carta em seu conjunto deixa aparecer uma clara preeminência da Igreja de Roma. Na expressão de Santo Inácio de Antioquia, por causa dos que nela verteram seu sangue por Cristo, seria legítimo falar de "presidência na caridade" (ágape). Ágape indicaria a comunidade de amor, ou seja, a própria Igreja Católica, em sua unidade na caridade.

2. A questão da celebração da Páscoa

Entre os anos 154-165, sob o pontificado de Aniceto, São Policarpo vem a Roma para tratar de algumas questões candentes entre a Igreja da Ásia Menor e a de Roma. Quais questões? Diversos estudiosos consideram que são as mesmas, mais tarde, discutidas pelo Papa Vítor e o bispo asiático Polícrates, isto é, a data da celebração da Páscoa.

a) *Motivos desta questão*

Os asiáticos celebravam a Páscoa no dia 14 do mês de Nisan (sexta-feira), no mesmo dia em que os judeus, baseados no texto bíblico de Ex 12,6: "E o guardareis até o décimo quarto dia deste mês; então toda a assembleia de Israel o imolará [o cordeiro] no crepúsculo". Entretanto, em Roma, a Páscoa era celebrada no domingo seguinte. O bispo de Roma, Vítor, julga que se deva fazer coincidir a data da celebração, ou seja, a Igreja da Ásia deveria concordar com a antiga prática da Igreja de Roma.

Desta confrontação nasce um procedimento, que dará origem aos assim chamados sínodos e, mais tarde, aos concílios. Com efeito, através de Eusébio, sabemos que os bispos da Ásia se reuniram para discutir o assunto. Esta reunião realiza-se a pedido do bispo de Roma:

> "Eu poderia mencionar os bispos — escreve Polícrates — que vós achastes bom de me fazer convidar, e eu os convidei. Seus nomes, se eu os escrevesse, seriam mui numerosos. Eles conhecem o pequeno homem que eu sou e aprovaram minha carta, sabendo que eu não trago em vão os cabelos brancos, mas que eu sempre vivi no Cristo Jesus" (Eus. H.E., V, 23s).

A reunião assume, assim, o aspecto de um verdadeiro sínodo:

- As igrejas são convocadas e se lhes submete a questão sobre a qual há discussões.
- Elas são principalmente representadas pelos seus bispos.
- Conclui-se a reunião com uma decisão que deverá regulamentar a questão posta.

b) *Protesto dos bispos asiáticos*

A decisão, emanada deste sínodo, não aceita uma tradição contrária à que se tem na Ásia:

> "Os bispos da Ásia afirmavam com vigor que era necessário conservar o antigo e primitivo costume que lhes fora transmitido". Neste sentido, Polícrates escreve ao bispo de Roma: "Nós celebramos então escrupulosamente o dia, sem nada eliminar, sem nada ajuntar. Com efeito, é na Ásia que repousam grandes astros, que ressuscitarão no dia da parusia do Senhor (...): Filipe, um dos doze Apóstolos, que repousa em Hierápolis com suas duas filhas que envelheceram na virgindade (...); e ainda João, que repousou sobre o peito do Senhor (...); todos estes guardaram o 14º dia da Páscoa segundo o Evangelho, não fazendo nenhuma transgressão, mas se conformando à regra de fé" (Id. Ib,).

c) *Resposta de Roma*

Verifica-se, pois, um confronto entre igrejas que possuem tradições diferentes. É bom lembrar que na cidade de Roma havia provavelmente uma comunidade asiática, que observava a sua tradição, o que tornava a questão mais viva ainda. Enquanto uma parte dos cristãos da comunidade romana celebrava a Paixão do Senhor, outra parte já comemorava a sua Ressurreição.

Diante da recusa dos bispos asiáticos, escreve Eusébio:

"O chefe da igreja dos romanos, Vítor, deseja desligar em massa, da unidade comum, os cristãos de toda a Ásia, como também as igrejas vizinhas, como sendo heterodoxas; ele publica por cartas (sua condenação) e proclama que todos os irmãos destas regiões, sem exceção, são excomungados" (Ib. 24, 1s).

A decisão tomada por Vítor, no entanto, não agrada a todos os bispos, que lhe aconselham, ao contrário, "a cuidar da paz, da união com o próximo e da caridade (...): eles se dirigem a Vítor de modo bastante enérgico". Entre tais bispos encontra-se o bispo de Lyon, Santo Irineu, que escreve ao bispo de Roma em nome de sua comunidade da Gália.

"De início, ele afirma que é necessário celebrar no dia de domingo o mistério da Ressurreição do Senhor; depois ele exorta Vítor, de modo muito conveniente, a não separar as igrejas de Deus todas elas, que guardam a tradição de um antigo costume (...)". (Id. Ib., V, 23)

Em seguida, ele procura mostrar a existência na Igreja de costumes e práticas diferentes a respeito do jejum, do modo de jejuar etc. Todavia, tais diferenças, em vez de enfraquecer a unidade da fé, deveriam levar a fortificá-la, como se deu no encontro de Policarpo e o Papa Aniceto:

"Policarpo não persuadiu a Aniceto de guardar a observância (do 14° dia), pois ele dizia que era necessário conservar o costume dos presbíteros anteriores a ele. E as coisas estando assim, eles comungaram um com o outro, e, na Igreja, Aniceto cedeu a presidência da Eucaristia a Policarpo, evidentemente por deferência. Ambos se separaram na paz e em toda a Igreja tinha-se a paz, quer se observasse ou não o 14° dia" (n. 16-17).

A intervenção de Santo Irineu parece ter sido benéfica, e tudo indica que o Papa Vítor retirou a sentença de "excomunhão". Por outro lado, através de todas estas discussões, se entrevê a mentalidade colegial existente entre os bispos no século II, os quais se sentem corresponsáveis no governo da Igreja. Ao mesmo tempo, a Igreja de Roma destaca-se dentre as demais e é convocada à sua função primordial: Ser sinal de comunhão na caridade, apesar da diversidade de costumes e ritos.

d) *Os dois acontecimentos, no tempo do Papa Aniceto e do Papa Vitor, são idênticos?*

A questão surgida entre Policarpo e o Papa Aniceto (154-165) seria a mesma ocorrida com Polícrates e o Papa Vítor (180-190)? À primeira vista poder-se-ia dizer que sim, com a diferença de que Aniceto age de modo diverso em relação a Policarpo. Porém, caso se leia com atenção o texto de Santo Irineu, verificar-se-á que há uma diferença substancial. O raciocínio de Santo Irineu parece ser o seguinte: Vós ireis separar a Igreja por uma questão que não é de tão grande valor assim, pois no tempo de seu predecessor, Aniceto, Policarpo veio a Roma e ficou espantado: a Páscoa não era celebrada como na igreja asiática, isto é, num dia determinado do ano.

Não havia, portanto, em Roma um dia certo no ano para a celebração da Páscoa, mas, segundo uma tradição fundada em São Pedro e São Paulo, a Páscoa era celebrada todos os domingos. No entanto, no tempo de Polícrates e Vítor, anos mais tarde, a Igreja de Roma já tinha um dia determinado para a Páscoa, que era o domingo depois de 14º Nisan. Conservava-se a tradição antiga do domingo e evitava-se uma prática julgada muito judaizante.

e) *São Policarpo e sua importância para a Igreja primitiva*

Para se compreender bem a força da argumentação de Santo Irineu, é necessário recordar quem foi São Policarpo. Entre os anos 110-117, o bispo de Esmirna, Policarpo, torna-se conhecido por uma carta que lhe é dirigida por Santo Inácio de Antioquia. Não muito tempo depois da passagem do bispo de Antioquia por sua comunidade, é a Policarpo que os cristãos de Filipos se dirigem para obter a coleção completa das cartas do glorioso mártir Santo Inácio. Não possuímos o pedido deles, mas sim a resposta de São Policarpo, que, ao enviar-lhes as cartas solicitadas, aproveita a oportunidade para lhes dar toda espécie de conselhos sobre a prática da vida cristã.

Segundo uma tradição, que não é inverossímil, São Policarpo teria falado com alguns daqueles que "viram o Senhor em seus dias de vida terrena". Santo Irineu, que o viu "em sua primeira juventude", diz que "ele viveu com muitas pessoas que viram o Senhor, e ele foi, justamente pelos Apóstolos, estabelecido para a Ásia, como bispo na Igreja de Esmirna".

Seus muitos anos de vida tornam-no a ponte de ligação entre as igrejas da era apostólica e a Igreja Católica como a conheceu Santo Irineu, que testemunha: "Ele ensinou sempre a doutrina, a mesma transmitida pela Igreja, e que é a única verdadeira". Em todas as tendências, lutas e movimentos deste período, por exemplo, no combate aos marcionitas, ele desempenha um papel central e exerce uma grande influência na Igreja, sobretudo em seus últimos anos de vida. Conserva-se até hoje a narrativa de seu martírio (no ano 156) sob a forma de uma carta da comunidade de Esmirna à igreja de Filomélio, na Frígia.

VI

A Autoridade na Igreja

1. Alguns dados bíblicos

Na Sagrada Escritura, Jesus se nos apresenta como possuidor de uma autoridade singular *(ecsousía)*: "Ele ensinava a multidão como quem tinha autoridade" (Mt 7,29), não se baseando nas opiniões dos rabinos ou mesmo nas orientações de Moisés ou de algum dos profetas. Mas, como legislador divino, ele fala a partir de si mesmo, com plena independência.

A autoridade de Cristo assume um sentido bem específico. O termo grego autoridade *(ecsousía)* vem do verbo ser *(eimí)*, com o prefixo "ex", significando "originário de" ou ainda "a partir de", o que nos leva a compreender a autoridade na linha do ser, ou ainda, a partir do que se é. A autoridade de Cristo, por conseguinte, não lhe advém de fora, mas radica-se no seu próprio ser. Ele é a testemunha viva do que diz e faz. Sua palavra e sua pessoa identificam-se, de tal modo que seus ensinamentos nos permitem reconhecer, sempre mais, quem ele é. Daí o fato de ele falar com autoridade, e seus adversários, que baseavam toda a sua argumentação em personagens do passado, em algo extrínseco a eles, sentirem-se confusos e sem resposta.

A autoridade de Cristo não deve, portanto, ser compreendida como um legado que o Pai lhe conferiu num determinado momento de sua vida. Ele a possui desde sempre, pois desde a eternidade e em tudo Cristo é ele mesmo, a manifestação eterna do mistério de seu Pai, o resplendor da sua luz divina e eterna. Sua missão não é um fazer, independente do seu ser. A missão revela quem ele é e ele se define pela sua missão, numa unidade essencial.

Jesus escolhe os Doze e os associa à sua obra. Passando dos Doze aos Apóstolos constata-se: a autoridade que Jesus lhes atribui, "quem vos ouve, a mim ouve" (Lc 10,16s), não é definida de modo jurídico, mas é essencialmente doutrinária, fundada sobre o testemunho. Com efeito, cada discípulo de Cristo, ou seja, "todos aqueles que o receberam, deu-lhes o poder *(ecsousía)* de se tornarem filhos de Deus" (Jo 1,12). Na comunidade cristã, todos podem participar dessa autoridade, que não se concentra nas pessoas que ocupam algum cargo de governo. Todo cristão no testemunho de Cristo recebe, pelo fato mesmo de dar esse testemunho, a autoridade que lhe advém do ser filho no Filho de Deus.

2. A autoridade em São Clemente de Roma

Na introdução de sua *Carta aos Coríntios*, São Clemente de Roma designa a comunidade de Corinto, como também a sua, de "Igreja de Deus". Ele declara que os cristãos dessas duas localidades formam uma comunidade em nome não de Pedro ou de Paulo, de Clemente ou de outra personagem humana, mas de Deus:

> "A Igreja de Deus que vive como estrangeira em Roma, para a Igreja de Deus que vive como estrangeira em Corinto. Aos escolhidos santificados na vontade de Deus, por nosso Senhor Jesus Cristo".

Elas são a Igreja de Deus. Seus alicerces não são meramente temporais, mas inseridas no tempo, elas buscam ser algo muito mais radical: ser, em visibilidade histórica, a manifestação da vontade de Deus. Pelo que dirá São Clemente, como que desdobrando o termo "Igreja de Deus", Igreja que peregrina em Corinto: "aos escolhidos santificados segundo a vontade de Deus".

O elemento constitutivo da Igreja é o apelo de Deus, manifestação de sua vontade. Ao respondê-lo, os homens se reconhecem "eleitos de Deus". Jamais eles poderão se considerar donos da Igreja, e a autoridade, nascida de sua vida em Deus, postula a exigência de exortar os irmãos, para concitá-los a realizar "todas as obras de santidade".

No exercício da autoridade, existem funções diversas, que são essenciais à vida da Igreja. Ao mesmo tempo, tais funções, presentes em todos os membros da comunidade, expressam a autoridade, que se concretiza, diferentemente, no serviço aos irmãos:

> "Conservemos, portanto, todo o nosso corpo em Cristo Jesus, e cada um seja submisso a seu próximo, conforme o dom que lhe foi conferido" (38, 1).

Entre as diferentes funções, São Clemente destaca a dos épiscopos-presbíteros. Ela foi transmitida por Cristo aos Apóstolos, enquanto ele é o enviado de Deus. Por sua vez, os Apóstolos estabeleceram:

> "os acima mencionados (bispos) e deram, além disso, instruções no sentido de que, após a morte deles, outros homens comprovados lhes sucedessem em seu ministério. Os que foram estabelecidos por eles ou por outros homens eminentes, com a aprovação de toda a Igreja, e que serviram irrepreensivelmente ao rebanho de Cristo, com humildade, calma e dignidade" (44, 2s).

Efetiva-se, assim, o que se denominará a "teologia do envio", cuja origem é Deus. E a ele se referem todas as funções que, na Igreja, exprimem a autoridade.

Evita-se, dessa maneira, o perigo de reduzir a autoridade a estas funções, de modo a personificá-la na pessoa de seus representantes. Caso assim fosse, a autoridade sofreria diminuição, com o consequente crescimento do poder de dominação.

3. A autoridade em Santo Inácio de Antioquia

A Igreja é caracterizada por Santo Inácio como unidade e amor. Na *Carta aos efésios*, ele declara:

> "Pois, se em tão curto lapso de tempo tive tal intimidade com vosso bispo, não em sentido humano, mas espiritual, quanto mais devo felicitar-vos por estardes tão profundamente ligados a ele como a Igreja a Jesus Cristo e como Jesus Cristo ao Pai para que todas as coisas estejam em sintonia na unidade" (5, 1).

O bispo é sinal e instrumento da unidade na caridade. E ele é tudo isso na medida em que guarda o silêncio. Este, diz Santo Inácio, é mais importante que sua palavra: "E quanto mais alguém percebe que o bispo se silencia, mais o respeite" (6, 1). Mas o que é este silêncio? O silêncio designa o Mistério mesmo de Deus:

> "Há um só Deus a manifestar-se por Jesus Cristo, seu Filho, sua palavra saída do silêncio, que em tudo agradou Aquele que o enviou" (Aos Mag. 8, 2). Os homens aceitando Cristo penetram em seu Mistério, penetram no próprio silêncio de Deus: "Quem de fato possui a Palavra de Jesus pode ouvir-lhe o silêncio; para ser perfeito, para agir pelo que fala e ser reconhecido pelo que se silencia" (Aos Efe. 15, 2).

Silenciar-se não é simplesmente calar-se. É justamente questionar, interrogar profundamente as coisas, que faz com que tudo se retraia sempre mais ao que lhe é essencial, manifestando ao homem o inominável de toda realidade. Silenciar-se é buscar ler nos eventos, fatos e realidades a própria verdade deles que, em última análise, só pode ser reconhecida no silêncio de Deus. Não estar no silêncio, ou seja, não estar mergulhado no mistério de Deus, é permanecer no nível do falar, não se pondo à escuta do outro, à escuta do que Deus revela através dele, não sendo mesmo capaz de perceber os dons concedidos pelo Senhor. Em outras palavras, não estar no silêncio de Deus é ser instrumento de imposição e dominação.

O bispo, que se silencia, enraíza sua vida no mistério de Deus revelado em cada instante da vida e em cada membro da Igreja. Ele descobre a riqueza da diversidade existente na comunidade e participa da autoridade de Jesus. Antes de tudo, ele é aquele que serve, sem nunca deixar de ser aquele que tem a função própria de reconhecer a autenticidade das expressões diversas do mistério de Deus.

Ao viver esse silêncio, o bispo estabelece íntima comunhão com as demais Igrejas e se torna revelador de Deus. A união com as demais igrejas não se entende, segundo Santo Inácio e Santo Irineu, como a simples igualdade de estruturas ou de formulações doutrinárias, mas é a participação de todas no Mistério de Deus revelado por Cristo, do qual as estruturas e formulações são sinais evocativos. O bispo é aquele que lê nelas a riqueza gratuita e inesgotável de Deus convocando a Igreja ao festim do encontro da liberdade na verdade.

Fundada no Mistério de Deus, a autoridade ordena-se à edificação da Igreja de Deus, que se concretiza por toda parte. Em outras palavras, só é possível existir autoridade na medida em que se guardar esta relação de dependência com sua fonte, que é Deus e cuja expressão é a obediência à sua vontade.

4. A autoridade e o crescimento da comunidade

A autoridade não se reduz a nenhum membro particular da comunidade, nem a uma determinada igreja. A Igreja de Roma, que "preside à caridade" (Aos Rom. Introd.), erige-se como sinal de unidade da Igreja Católica ao reconhecer nas diversas Igrejas, em expressões diversas, o mistério de Deus. Tal reconhecimento traduz as palavras de Jesus a São Pedro: "Confirma os irmãos na fé" e expressa o primado da Igreja de Roma. Na diversidade das Igrejas, espalhadas pelo Império Romano, ela tem, portanto, a função de promover a comunhão e a caridade e, ao mesmo tempo, as outras igrejas são convocadas a encontrarem nela, através da comunhão, a fidelidade a Cristo e à sua mensagem. Tal unidade é essencial, pois, na expressão de Santo Irineu, ela é: "O corpo íntegro da missão do Filho de Deus" (Adv. Haer. IV, 33,15).

Corre-se, porém, o risco de interpretar a unidade como igualdade e a obediência como dependência e submissão. Foi o que aconteceu por ocasião da querela pascal em que, como já vimos, o Papa Vítor queria que as igrejas da Ásia Menor se conformassem aos mesmos costumes da Igreja de Roma. Graças à intervenção de Santo Irineu, reavivou-se na Igreja o conceito de que a diversidade de ritos e costumes, em vez de quebrar a unidade, é a prova da unidade na fé. Eusébio de Cesareia transcreve, em sua História Eclesiástica, as palavras de Santo Irineu:

> "Esta diversidade de observância não é de nossa época, mas anterior ao nosso tempo. Nossos predecessores que, com exatidão, como tudo indica, retiveram este costume por simplicidade ou ignorância e o transmitiram aos que os seguiram. Todos

não deixaram de guardar a paz entre si. A diferença do jejum confirmava a unanimidade da fé" (Eus. H.E. V, 24, 13-18).

No nível comunitário, a autoridade é compreendida como um crescer constante em Deus. No andar o caminho da vida, no crescimento de si mesmo em Deus, é que desponta a autoridade de cada um. Santo Irineu, ao falar do homem, acentua justamente como essencial a ele a dimensão do "progresso" (Adv. Haer. IV, 11, 2; IV, 20, 7). O homem, criado criança e imperfeito, atinge seu estado de perfeição e maturidade pela encarnação do Filho de Deus e pelo dom do Espírito Santo, que o conduz à "divinização". Em outras palavras, no início, o homem não foi criado perfeito. Neste caso ele seria igual a Deus. Mas, a modo de uma criança, seu itinerário na terra é evoluir em direção a essa perfeição, seu fim último, assemelhando-se sempre mais a Deus:

> "Enquanto Deus é sempre o mesmo, o homem que se encontra em Deus progredirá sempre em direção a Deus. Deus não cessa de beneficiar e enriquecer o homem e o homem de ser beneficiado e enriquecido por Deus" (IV, 11, 2). "O Verbo se tornou dispensador da glória do Pai pela utilidade dos homens para os quais dispôs economias tão grandes, para mostrar Deus ao homem e presentear o homem a Deus; ele mantém a invisibilidade do Pai para que o homem não venha a desprezar a Deus e tenha sempre motivo de progredir; mas ao mesmo tempo torna Deus visível, por meio de muitas economias, para que o homem privado totalmente de Deus não deixe de existir. A glória de Deus é o homem que vive e a vida do homem consiste na visão de Deus" (IV, 20, 7).

O progredir do homem constitui o processo de sua vida. O fato de ter sido criado à imagem e semelhança de Deus não é o ponto de partida, mas o ponto de chegada do seu progredir. Portanto, progredir consiste em abrir-se sempre mais ao humano na transparência do ato criador de Deus, pela ação de Jesus e do Espírito Santo:

> "Deus será glorificado na obra modelada por ele, quando a tiver conforme e semelhante a seu Filho. Já que pelas mãos do Pai, isto é, pelo Filho e pelo Espírito, o homem se faz à imagem e semelhança de Deus" (Adv. Haer. V, 6, 1). Um pouco mais adiante, ele destaca: "Durante todo este tempo, o homem modelado no começo pelas mãos de Deus, quero dizer pelo Filho e pelo Espírito" (V, 28, 4).

A autoridade *(ecsousia)* não é compreendida como algo extrínseco ao cristão, pois ela se funda justamente no fato de ele ser testemunha do Cristo ressuscitado. O testemunho não é uma realidade adquirida uma vez por todas. É o caminhar do cristão no crescimento do mistério de sua vida escondida em Deus, de tal modo que a autoridade não se confunde com o poder de dominação, em que tudo é colocado sob o domínio do "eu" e da "razão". Neste caso, o poder apresentar-se-ia como o "princípio supremo" e não haveria espaço para o Mistério.

A autoridade do cristão, pelo contrário, concretiza-se no seu crescimento em Deus, como também no de cada comunidade na riqueza de suas diferenças. A autoridade só é, pois, possível quando se é obediente (todo ouvidos) à vontade de Deus manifestada na vida de cada pessoa e de cada comunidade. A autoridade e a obediência, então, revelam-se como total serviço, fruto da liberdade do homem.

VII

O Ideal Cristão do Martírio

A MEMÓRIA DOS MÁRTIRES é perpetuada pelos relatos em forma de epístolas como o martírio de São Policarpo e a carta das comunidades de Viena e Lyon ou em forma de narrações como o relato do martírio *(passio)* de Perpétua, Felicidade e companheiros; e pelas atas redigidas, por vezes, pela autoridade civil por ocasião do processo movido contra os cristãos. Aí se encontram as interrogações dos juízes e as respostas do réu. Como exemplo citamos as atas de São Justino e de seus companheiros.

Mediante tais documentos, entrevê-se o martírio como um ideal de vida cristã. Neste sentido, o jovem Orígenes, que visitava constantemente seu pai Leônidas na prisão, conservará sempre em seu coração o desejo de dar sua vida no testemunho de Cristo. Ardente é o desejo de Santo Inácio de Antioquia:

> "Ser uma presa dos animais ferozes; por eles chegarei a Deus. Sou trigo de Deus. Oxalá, seja moído pelos dentes dos animais, para tornar-me o pão puro de Cristo" (Aos Rom. 4, 1).

1. Martírio, libertação para Deus

É bastante significativa a definição que Orígenes nos dá do conceito de martírio ou do ser mártir. Ele escreve:

> "Quem quer que dê testemunho da verdade, seja por palavras, seja por fatos ou empenhando-se de algum modo em favor dela, se pode chamar, a bom direito, "testemunha" (mártir). Mas o nome de "testemunha" no sentido próprio (de "mártir"), a comunidade dos irmãos, tocados pela força de ânimo dos que lutavam pela verdade ou pela virtude até a morte, costumam reservá-lo aos que deram testemunho ao mistério da verdadeira religião (fé em Cristo), com a efusão do sangue" (Orig. Com. Ev. S. Jo. II, 210).

Nos primeiros anos, os cristãos tiveram diversas dificuldades e sofreram mesmo perseguições nos ambientes judaicos, como o caso de São Paulo em Éfeso, relatado pelos Atos dos Apóstolos. No que se refere ao contato com os romanos, há um relacionamento inicial pacífico. Em 45, o Apóstolo São Paulo encontra-se em Chipre com o procurador Sergius Paulus. O historiador Suetônio menciona a presença de cristãos na comunidade judaica de Roma em 49. Não havia diretamente uma hostilidade contra os cristãos por parte dos funcionários romanos, pois estes não viam neles um perigo político. Por outro lado, como já acentuamos, bastava aplicarem-se as leis existentes, como urgirá o Imperador Nero, para que os cristãos se encontrassem diante do dilema da apostasia ou da morte. Mais tarde, no entanto, surgirão perseguições sistemáticas e organizadas, sobretudo, a partir do século III, com Septímio Severo. Mas, desde o início, os cristãos veem no martírio o caminho para estar na glória de Deus. Assim, Santo Inácio, rumo ao martírio, na esperança da ressurreição, exclama:

> "Não desejeis nada para mim, senão ser oferecido em libação a Deus, enquanto ainda existe altar preparado, a fim de que, reunidos em coro no amor, canteis ao Pai, por meio de Jesus Cristo, por Deus se ter dignado fazer com que o bispo da Síria se encontrasse aqui, fazendo-o vir do Oriente para o Ocidente. É bom deitar-se, longe do mundo, em direção a Deus, para depois nele se levantar" (Aos Rom. 2, 2). O cristão não teme a morte pelo martírio, pois, como escrevem os mártires de Lyon, "quem quer que sofra pela glória de Cristo, entra para sempre em comunhão com o Deus vivo" (Eus. H.E. V, 1, 41).

A comunidade cristã acreditava firmemente que quem morresse como mártir, no testemunho de Cristo, estaria na glória de Deus, "receberia em fim de combate a coroa da imortalidade" (id. V, 11, 42). Donde ser, segundo Tertuliano: "Um bom negócio perder certas vantagens para adquirir outras maiores" (Ad Mart. II, 2), pois "os sofrimentos são suaves em comparação à glória celeste e à recompensa divina" (id. IV, 3). Os mártires africanos de Scillium "não deixam de declarar que vivem conforme a religião cristã, embora lhes tenha sido oferecida a facilidade de voltar aos costumes romanos. Eles a rejeitaram obstinadamente, pelo que o procônsul romano Saturnino sentenciou que fossem passados ao fio da espada. Um deles, Nartzalo, diz: Hoje estaremos como mártires no céu. Graças a Deus" (14: BAC 75, 354s).

O mártir cristão sente-se interiormente livre para abraçar os suplícios e a morte, de tal modo que tudo se transforma para ele, não só numa nova possibilidade, mas na esperançosa certeza de ele se encontrar em Deus. Ele experimenta a liberdade, não a fundamentando em razões ou ideias meramente humanas, mas porque descobriu o que é ser livre em Jesus Cristo: "Quando tiver padecido, diz Santo Inácio, tornar-me-ei alforriado de Jesus Cristo, e ressuscitarei nele, livre". Por isso, o mártir é capaz, na hora do martírio, de entoar hinos e manifestar alegria, como se relata no martírio da jovem Blandina:

"Restava a última de todas, a bem-aventurada Blandina. Tal como uma mãe de coração grande, que soube com suas exortações consolar seus irmãos e fazê-los avançar como vencedores para junto de Deus, ela passa, por sua vez, por todos os combates aos quais seus irmãos tinham sido submetidos e, cheia de alegria e contentamento, apressa-se para ir ao encontro deles, como se ela tivesse sido convidada para uma festa de núpcias, e não para ser lançada às feras" (Carta da com. de Viena e Lyon V, 1, 55).

2. Martírio e a vocação batismal

Os mártires respondem a um apelo de Cristo, a ponto de "fazer pouco caso dos tormentos, na pressa de chegar a ele". No martírio o cristão corresponde a um chamado divino, que se insere na própria dinâmica da vida cristã. Não é uma realidade que se reduz ao momento da morte, mas está presente no desenrolar de toda a sua vida. Liga-se à sua vocação batismal.

Nesse sentido, é deveras impressionante a resposta que os cristãos dão aos magistrados, quando se encontram diante dos tribunais. No martírio de Santos lemos:

"A todas as questões que lhe eram postas, ele respondia sem mais: 'Eu sou cristão'. Dele os pagãos não ouviram nenhuma outra palavra" (Carta da com. de Viena e Lyon V, 1, 20). Alexandre, levado diante do governador, é interrogado: "Quem és tu? Cristão, declara ele. Cheio de cólera o governador o condenou às feras" (id. V, 1, 50). São Cipriano responde: "Eu sou cristão e bispo, e não conheço outros deuses senão o único e verdadeiro Deus, que fez o céu e a terra e tudo quanto eles contêm. A este Deus servimos nós cristãos; a ele dirigimos dia e noite nossas súplicas por nós mesmos, por todos os homens e, sobretudo, pela salvação dos mesmos imperadores" (*Acta proconsularia Cypriani*, C.S.E.L., 3, 3, p. CX).

Portanto, o conteúdo principal da profissão de fé dos mártires diante do tribunal consistia na declaração de ser cristão. Nas Apologias, particularmente, dirigidas aos imperadores, seus autores mostram que a única razão de os cristãos serem condenados é o fato de trazerem este nome, e não o fato de terem cometido algum crime.

O martírio é então compreendido na lógica do batismo. É consequência da adesão total a Cristo. Daí os que renegam Cristo diante dos tribunais serem julgados, no dizer das Atas dos mártires de Lyon:

"Como um grupo dos que jamais tiveram um mínimo de fé, nem compreensão do que seja a pureza batismal, nem sentido do temor de Deus, em outras palavras, 'são os filhos da perdição', em que a rejeição deles os torna blasfemos do cristianismo" (V, 1, 48).

Poder-se-ia dizer que estes foram batizados na água, não na fé em Cristo.

3. Cristo, o mártir por excelência

Os cristãos, desde o início, viram o martírio como uma imitação de Cristo, tornando Cristo crucificado presente e atual no meio dos homens. Já nos Atos dos Apóstolos, na descrição da morte de Estêvão (At 7), São Lucas traça um paralelo de sua morte com a paixão e morte de Cristo. Estêvão pede a Deus perdão para seus algozes, como o fizera Cristo e, na hora da morte, pronuncia a mesma prece de confiança.

Nos Evangelhos encontra-se a passagem de Mc 10,37.40, onde Tiago e João pedem o privilégio de se sentarem à direita e à esquerda de Jesus em sua glória. O incidente mostra que, após a confissão de Pedro, apesar da insistência de Jesus para inculcar em seus discípulos uma concepção nova de sua missão, que compreende a morte, os dois filhos de Zebedeu ainda não entendiam o seu sentido profundo. Jesus não nega, mas indica o preço desta condição gloriosa à qual eles aspiram. Eles só poderão chegar a ela passando pelas mesmas provas, às quais Jesus vai ser em breve submetido. Eles deverão partilhar do cálice e do mesmo batismo de Jesus. A imagem do cálice e o convite para beber o vinho proposto retornam na última Ceia.

Em Santo Inácio, o tema da imitação de Cristo ocupa lugar de destaque. Seu caminho para o martírio é comparado ao do catecúmeno que se prepara para o batismo, tudo recebendo de Deus. O martírio seria a realidade do batismo levado às suas últimas consequências, e o momento máximo da imitação de Cristo. Célebre é a expressão: "Permiti-me ser um imitador do sofrimento de meu Deus" (Aos Rom. 6, 3). O martírio é, pois, o desabrochar do sacerdócio cristão em sua oblação a Deus em favor dos irmãos:

> "É como se se tratasse de duas moedas, a de Deus e a do mundo, cada uma delas cunhada com a sua marca; os infiéis trazem a marca deste mundo, os fiéis trazem no amor a marca de Deus Pai, gravada por Jesus Cristo. Se não estamos dispostos a morrer por ele, para participar de sua paixão, a vida dele não está em nós" (Aos Magn. 5, 2).

No relato da morte de São Policarpo, o autor recorda que seu martírio ocorreu "para permitir ao Senhor do céu nos mostrar uma imagem do martírio segundo o Evangelho" (Mart. de São Policarpo, 1, 1). Policarpo tornou-se assim um dos "autênticos discípulos de Cristo e um de seus imitadores" (cf. id. 17,3).

O mártir por excelência, no entanto, é o próprio Jesus Cristo. No relato dos mártires de Lyon, ouvimos a confissão dos que eram levados ao martírio:

> "Eles não se proclamavam mártires e não nos permitiam chamá-los com este nome. Ao contrário, se alguém dentre nós, por acaso numa carta ou numa conversa, os chamava de mártires, eles lhes dirigiam as mais vivas recriminações. Pois eles amavam reservar este título de mártir a Cristo, a testemunha fiel e verídica por excelência, o primogênito dentre os mortos, o dispensador da vida divina" (Carta da com. de Viena e Lyon V, 2s).

O mártir cristão professa sua fé em Cristo diante dos tribunais. Sua fidelidade à mensagem do Mestre o conduz ao cárcere e aos suplícios. Sua morte violenta o une mais intimamente ao seu Senhor morto e ressuscitado:

> "Eles se referiam aos que no passado já tinham sido submetidos ao martírio e diziam: 'São mártires os que Cristo julgou dignos chamar para junto de si, após ter gravado neles pela morte o selo do martírio. Enquanto nós só somos confessores humildes e modestos" (V, 3).

VIII

As Catacumbas

1. Origem das catacumbas

O termo catacumba deriva provavelmente do termo grego: *katá kúmben*, que significa: junto à encosta, à cavidade ou ao objeto oco. Catacumba era o nome que se dava à depressão existente diante do circo de Maxêncio, na via Ápia, entre as duas colinas, onde atualmente se encontram o cemitério de São Calisto e a tumba de Cecília Metella. O primeiro a empregar tal nome foi o Cronográfico em 354, que escreveu uma espécie de almanaque para uso dos cristãos em Roma, no qual se refere ao calendário dos feriados romanos e à data da morte dos bispos de Roma, a modo de um martirológio. Ele emprega o termo catacumba para designar o cemitério de São Sebastião. A partir de então se torna comum seu uso para indicar os cemitérios cristãos. No século IX, a denominação de catacumba está amplamente difundida.

Embora as mais famosas e extensas catacumbas sejam as de Roma, elas podem ser encontradas em outras regiões como na Ásia Menor, Norte da África, Malta e mesmo em algumas outras cidades europeias como, por exemplo, Paris. Em Roma elas foram geralmente construídas ao longo das grandes rodovias romanas, fora da cidade. Entre umas 40 catacumbas, são consideradas como principais as de São Calisto, Praetextatus e São Sebastião, todas na via Ápia; Santa Domitila na via Ardeatina; Santa Inês na via Nomentana; Santa Comodila na via Óstia.

As catacumbas são verdadeiros labirintos, com galerias relativamente estreitas superpostas, em níveis diferentes. Os corpos eram colocados em nichos situados ao longo das paredes, que podiam conter dois ou três corpos. As pessoas mais importantes da comunidade eram colocadas em pequenos oratórios semicirculares. As paredes recobertas, por vezes, de estuque conservam ainda hoje os vestígios da primeira arte cristã.

No que se refere à presença dos cristãos nas catacumbas, durante o período de perseguições, deve-se observar:

a) As catacumbas não foram jamais lugares ordinários de culto da Igreja. Existiam, sim, pequenas celebrações por ocasião dos aniversários dos mártires, mas não reuniões litúrgicas com a presença de toda a comunidade cristã.

b) As catacumbas são cemitérios oficialmente registrados pelo poder civil e, embora fossem consideradas lugares sacrossantos, eram lacradas pelo Estado e pela polícia por ocasião das perseguições.
c) As catacumbas são posteriores ao grande recrutamento dos fiéis, no decorrer do século III, o que impossibilitaria a presença de um grande número de pessoas em seu recinto.

P. Testini, estudioso das catacumbas, em sua obra *Archeologia cristiana*, distingue três fases na formação de um lugar próprio para o sepultamento dos cristãos. A primeira coincide com a época apostólica, quando os cristãos adotam sepulturas com símbolos, como, por exemplo, a âncora extraída do repertório dos pagãos, mas alusiva ao sinal salvador da cruz. A segunda fase seria a da sepultura coparticipada. Ocorre com a conversão de nobres patrícios ao cristianismo e o desejo de assegurar uma tumba para os irmãos mais pobres. A terceira fase compreende a aquisição dos cemitérios subterrâneos. Nasce do desejo de os cristãos se encontrarem também reunidos no sono da morte e, sobretudo, movidos pela vontade de disporem de lugares nos quais mais livremente pudessem declarar, com símbolos e expressões traçados em lajes ou paredes, seus sentimentos e sua fé.

2. As catacumbas, lugar de refúgio dos cristãos perseguidos?

A ideia de que as catacumbas teriam sido um lugar de refúgio dos cristãos, chegando alguns a falar de uma Igreja subterrânea, surgiu no século XVII. Após um período de sete séculos de esquecimento, o tema sobre as catacumbas volta à discussão graças, especialmente, à obra de A. Bosio, *Roma sotterranea*, escrita em 1632. A obra clássica, porém, é a de G. B. de Rossi intitulada: *Roma sotterranea Cristiana*, em três volumes, publicada no século XIX. A base para o aparecimento de tal literatura encontra-se num escrito (Ep. 82, 1) de São Cipriano (200-258), em que ele relata que o Papa Sisto foi morto com quatro diáconos no cemitério. A partir desta simples alusão teceu-se toda uma história que veio povoar muitos romances e filmes, sobretudo nos últimos tempos.

3. A Igreja familiar

Nos primeiros tempos, os cristãos se reuniam em casas, pois não havia ainda propriamente um lugar de celebração. Por isso, os símbolos da Eucaristia e do batismo se ligam, neste período, à casa familiar. E mesmo, mais tarde, as próprias basílicas terão, algumas delas, sua origem nas casas familiares como, por exemplo, a basílica de São Clemente em Roma, edificada sobre a casa de um certo Clemente.

É importante destacar que, mesmo antes da era constantiniana, no tempo de Galieno (260-268), foram construídas igrejas, que, no dizer de Porfírio, rivalizavam com os templos pagãos. Os escritores da época denominam-nas "casas onde os cristãos se reúnem para a prece". Lactâncio (240-320) refere-se, por exemplo, a um edifício, bastante imponente, situado sobre uma colina, empregando para caracterizá-lo o termo *"ecclesia"* (igreja-reunião).

Para os primeiros cristãos, o essencial eram as pessoas, o aspecto espiritual, e não tanto o aspecto material, como seria, no caso, o lugar onde eles se reuniam. Ademais, eles queriam marcar com clareza a diferença da nova fé em relação ao culto aos deuses dos pagãos, adorados nos templos. Justamente por isso o lugar onde os cristãos se reuniam seria designado por termos de conotação teológica e bíblica: *ecclesia*, casa de Deus, *dominicum*, que indicava primeiramente a comunidade cristã, assumindo, a seguir, o sentido concreto de um edifício. É o que se verifica, de modo especial, no que concerne à palavra *"ecclesia"*, igreja, lugar de reunião e, posteriormente, o edifício, onde os cristãos se reúnem e realizam suas celebrações.

O termo basílica, corrente nos séculos IV e V, já está presente no final do século III, antes mesmo das construções de Constantino, e sugere um espaço amplo e grande. Foi tomado do uso profano, em que era utilizado para sugerir uma grande sala destinada a atividades sociais diversas.

As construções, particularmente das basílicas, têm seu grande desenvolvimento com Constantino, em Roma como também em outras partes do Império. Constroem-se, então, igrejas, que em dois séculos transformam o aspecto arquitetônico do antigo mundo romano. Em Roma, os Papas Júlio I (337-352), Libério (352-366) e principalmente Dâmaso (366-384) deixaram seus nomes ligados à construção de numerosas igrejas. O mesmo acontece em outros lugares, como Milão, sobretudo com Santo Ambrósio e em Aquileia com o bispo Teodoro. A partir do século V, as construções se multiplicam, muitas vezes utilizando antigos edifícios já existentes. Na Itália encontramos as belíssimas igrejas de Espoleto e Siracusa, e, na Grécia, nas cidades de Filipo e Corinto. No século VI, com o Imperador Justiniano, no Oriente, temos Constantinopla, e no Ocidente, Ravena, que constituirão centros irradiadores de toda uma arte arquitetônica para os séculos seguintes.

IX

O Gnosticismo

O MOVIMENTO GNÓSTICO provocou uma verdadeira revolução espiritual, tendo seu maior desenvolvimento na segunda metade do século II. O gnosticismo compreende um conhecimento superior dos mistérios divinos, reservados a uma elite. Ele provoca, segundo alguns, uma transformação cultural e religiosa no mundo greco-romano, enquanto para outros, ele se reduz à doutrina de uma libertação do homem, fundada no dualismo: a alma, proveniente da esfera divina, vem a este mundo perverso, do qual é libertada graças à gnose. A este respeito, nestes últimos anos, surgiram numerosos estudos, sobretudo após as descobertas dos documentos de Nag Hammadi em 1946.

Muito se discute sobre a origem do gnosticismo, cujo nome vem de *"gnosis"*, ou seja, conhecimento, pois o que o caracteriza é a importância dada a um conhecimento, profundo e reservado, que seria a chave de compreensão do universo e da pessoa humana, conduzindo-a à salvação. No que se refere a suas manifestações históricas, costumam-se distinguir três ambientes, nos quais ele se desenvolveu:

a) O do judaísmo heterodoxo no início do século I.
b) O do judeu-cristianismo heterodoxo estabelecendo uma ponte entre os séculos I e II.
c) O do gnosticismo, propriamente dito, abrangendo todo o século II, cujo maior expoente seria Mani (215-277). Sua doutrina muito complexa, e em sua origem não dependendo do cristianismo, baseava-se no suposto conflito primevo entre a luz e a treva, e em severas práticas ascéticas. Florescerá, mais tarde, com o nome de maniqueísmo.

Entre os movimentos gnósticos, temos o messianismo sincretista de Dositeu na Samaria. Provém também daí Simão Mago, cujos discípulos farão dele um deus que veio libertar os homens da dominação dos anjos. Seu discípulo Menandro difundirá o gnosticismo na Síria.

Na Galileia encontramos os batistas, que compreendem os sadocitas, essênios, ebionitas, nicolaítas etc., os quais irão pouco a pouco se firmar nos quadros do gnosticismo. Na Ásia Menor temos Cerinto e Carpocrata, este de origem alexandrina, o qual rejeita a fé na criação do mundo por Deus Pai e expõe uma visão negativa dos chefes dos anjos, os *"archontes"*, que estariam à frente dos destinos terrestres do mundo. Os *archontes* induziram os homens aos vícios e, enquanto estes não se entregassem a todos os vícios, estariam sujeitos a reencarnações sucessivas. Por isso, seus discípulos ensinam uma ética licenciosa, corrupta e a transmigração das almas. Para eles Jesus teria nascido de uma geração natural.

Um dos gnósticos asiáticos mais conhecidos foi Marcião (85-160). Nasceu em Sínope, na costa meridional do Mar Negro. Filho do bispo cristão do lugar, ele teve uma boa formação intelectual. Por causa de seus ensinamentos a respeito de dois deuses e pela rejeição do Antigo Testamento, que estaria ligado a um deus inferior, foi condenado por seu próprio pai. Sua principal tese era que o Evangelho cristão fosse reduzido ao Evangelho do amor e que toda a lei fosse abolida. Se o Antigo Testamento se liga ao Deus Criador, inferior e mau, pois criou o homem fraco e mortal, o Novo Testamento é a manifestação do Deus misericordioso, cheio de amor. Entre os dois não existe nada em comum. O primeiro, o Demiurgo, relaciona-se com a matéria, considerada elemento negativo, o segundo é o Deus desconhecido, revelado por Jesus Cristo, morto e ressuscitado. Escreve São Justino:

"Marcião do Ponto, que ainda ensina hoje, professa a crença num Deus superior ao Criador" (1Apol. 26, 5). Santo Irineu acrescenta: "Marcião blasfema contra o Deus anunciado pela lei e pelos profetas, dizendo que ele é o criador de coisas más, amigo das guerras, incerto em seus desígnios e se contradizendo. Jesus foi enviado pelo Pai, que está acima do criador do mundo, para abolir a lei e os profetas e todas as obras do Deus que fez o mundo e que ele denomina o Cosmocrator" (Adv. Haer. I, 27, 2).

O Evangelho de Jesus, no entanto, segundo Marcião teria sido, já bem cedo, falsificado pelos judaizantes. Somente São Paulo, apesar de certas interpolações, teria conservado o Evangelho em toda a sua pureza. Dos Sinóticos, ele retém o de São Lucas, o menos marcado pela influência judaica. Mesmo assim ele elimina o relato do nascimento e da infância de Jesus.

Por volta do ano 140, Marcião encontra-se em Roma, onde em 144 é excomungado. Ele organiza, então, suas próprias igrejas, com sua liturgia própria e um regime ascético rigoroso pelo qual impunha a renúncia ao matrimônio. Orienta-se por uma disciplina comunitária severa, embora adaptada às necessidades de seus discípulos.

O marcionismo, presente ao longo do Império Romano, estende-se para além de suas fronteiras. A partir do século IIIº, no Ocidente, e do século Vº, no Oriente, ele será a grande preocupação dos bispos e teólogos da Igreja.

Numa linha mais esotérica, o gnosticismo desenvolve-se na Síria com o famoso discípulo de Menandro, Saturnino (100-130). No entanto, a estrela máxima foi Basílides, que se instala em Alexandria, na primeira metade do século II, e tem a pretensão de possuir uma tradição secreta transmitida por São Pedro. Ele elabora, sob a influência do platonismo popular, do sincretismo próprio de Alexandria e do gnosticismo, a teoria de um Deus separado do mundo por muitos céus e graus de seres espirituais. Este Deus envia seu "*nous*", ser espiritual, ao encontro do homem, o qual passa três vezes por três esferas cósmicas, constituindo em cada uma delas uma "filiação" consubstancial a seu ser, porém cada qual segundo sua ordem.

Na ordem mais elevada, o "espírito superior" realiza-se na doação total de si aos seres espirituais. Aqui na terra o homem se encontra submisso ao destino, nascimento e morte, e tem necessidade de ser despertado por seu arquétipo celeste ao qual ele finalmente se reunirá. Essa reintegração torna-se possível com a pessoa de Jesus, sob quem desceu o Cristo divino. Graças à iluminação do Espírito, o homem pode se libertar deste mundo.

Esse sistema será, sobretudo, desenvolvido por Valentim, oriundo de Alexandria, que se fixou, entre 135-160, em Roma. Valentim, contemporâneo de Marcião, não criticará o judaísmo. O "*Evangelho da Verdade*", escrito por ele, traz mesmo muitas especulações místicas judaicas. Ele parece considerar o cristianismo numa perspectiva judeu-gnóstica. Toda a sua obra está centrada no tema da redenção, compreendida como libertação da situação carnal, em que o homem atualmente se encontra encerrado. O sofrimento, provocado por essa alienação, leva-o a suspirar pelas realidades celestes às quais ele pertence por natureza. A reintegração realiza-se graças à verdadeira revelação ou gnose, reservada aos espirituais puros.

Em todo o gnosticismo, há uma visão negativa do homem e a ideia da salvação como obra dele, o que leva Santo Irineu a ressaltar a grandeza da criatura humana e a salvação como dom de Deus:

> "Nisto consiste a glória do homem, em perseverar e permanecer no serviço de Deus. Por isto o Senhor dizia aos seus discípulos: 'Não fostes vós que me escolhestes, mas fui eu que vos escolhi', querendo indicar que não eram eles os que o glorificavam pelo fato de o seguirem, mas por seguirem o Filho de Deus, era ele que os glorificava. Daí acrescentar: 'Quero que eles estejam comigo onde eu estiver, para que contemplem minha glória'" (Adv. Haer. IV, 14, 1).

Nos sistemas gnósticos, tem-se a afirmação constante de que a salvação se dá pelo conhecimento humano. E conhecer para eles é essencialmente se conhecer, é reconhecer o elemento divino como o seu verdadeiro "eu". O instrumento de conhecimento ou o meio pelo qual o gnóstico chega à sua condição originária, permanente realidade de seu ser, é o mito. Por isso, é abundante o número de mitos nos diversos movimentos gnósticos. Pois revivendo o relato das origens, o gnóstico descobre, no seu interior, a nostalgia de uma situação primordial e, tornando-a presente, ele alcança seu fim e, portanto, a salvação: Deus, fonte essencial de seu ser.

Destacamos, então, alguns elementos do gnosticismo, muitas vezes citados e rebatidos pelos Santos Padres:

a) A distinção entre o Deus desconhecido e transcendente, revelado por Jesus Cristo e o Deus demiurgo, inferior ao primeiro, e criador do mundo. Em geral, ele é identificado ao Deus do Antigo Testamento.
b) A afirmação de que o homem, em sua verdadeira natureza, é uma centelha da luz celeste, aprisionada num corpo material e submisso ao demiurgo e que conserva o desejo de se libertar e de se reintegrar à luz plena.
c) A criação do mito, narrando uma queda anterior ao mundo e ocorrida a partir do mundo divino. Seria um processo verificado no Pleroma, que o leva a eliminar o excesso, utilizado pelo demiurgo para formar o mundo. O mito estaria exprimindo justamente o desejo de sair desta decadência atual para voltar ao Pleroma, à sua pátria originária, anterior ao tempo.
d) O meio eficaz para esta libertação é a gnose, doutrina secreta, pela qual o homem toma consciência de sua verdadeira natureza e de sua origem celeste. Conhecimento que seria libertador e salvador.

O gnosticismo será uma das causas que levaram a Igreja a se organizar, em sua unidade e universalidade, e a elaborar a canonicidade dos livros bíblicos. Ademais, ele provoca o surgimento de reflexões teológicas e doutrinárias, como as de Santo Irineu, Tertuliano e Orígenes. No campo filosófico, ele suscita o aparecimento do neoplatonismo. Apesar de não prosperar, o gnosticismo continuará presente na história através do maniqueísmo e de outros movimentos, como o dos cátaros, na época medieval.

X

Vida Pura, Piedosa e Justa e Sombras Que a Ameaçam

PERCORRENDO A ÉPOCA patrística, encontramos a constante convicção de que a vida cristã, fundada no batismo e na recepção do Espírito Santo, apresenta exigências na linha do amor (ágape) divino, que nos apontam para virtudes que devem ser conquistadas e cultivadas. Por outro lado, há a necessidade de lutar e vencer as paixões, sombras que interferem e ameaçam essa vida. Permanece, porém, sempre presente o objetivo de alcançar o ideal de uma vida pura, piedosa e justa, pois só assim se chega à visão de Deus, tão desejada e proclamada pelos Santos Padres. Nesse progredir em Deus e para Deus, cresce o amor à perfeição e se participa da "*apátheia*", serenidade, almejada e buscada, de modo particular, pelos monges do deserto.

1. Fundamentos da vida cristã: o batismo e a recepção do Espírito Santo

O batismo no Novo Testamento é descrito, de início, em vista da conversão de judeus e pagãos, acolhidos na comunidade cristã. Ele provoca uma verdadeira ruptura, levando o cristão a se distanciar dos costumes e das práticas comuns da sociedade do tempo, como também dos de sua própria família. Algo que destacamos, por exemplo, é o fato de os cristãos não participarem dos cultos aos deuses da cidade ou ainda não frequentarem o circo, grande diversão da época, pois ela compreendia, na maioria das vezes, participar de bacanais e da prática de orgias. Santo Irineu irá proclamar:

> "A fé recomenda que concordemos em ter recebido o batismo para remissão de nossos pecados no nome de Deus Pai e no nome de Jesus Cristo, o filho de Deus encarnado, morto e ressuscitado, e no Espírito Santo de Deus" (Epid. 3). Mais adiante, ele acrescenta: "Em nosso novo nascimento, o batismo se realiza por estes três artigos do batismo, que nos confere a graça do novo nascimento em Deus Pai por meio de seu Filho no Espírito Santo" (cap. 7).

Por isso, podemos certamente dizer que, tanto para os gregos como para os romanos, orientais e gauleses, o batismo representava uma profunda transformação no modo de vida. No dizer de São João Crisóstomo, ele nos confere um nobre nascimento:

> "Esforcemo-nos, portanto, para conservar o nobre nascimento que nos foi conferido desde o início com o batismo. Busquemos cada dia este reino eterno e consideremos todas as coisas presentes como sombra e sonho" (Com. Ev. S. Mt., Hom. 12, 4).

Santo Irineu também ressalta o valor do batismo e o seu profundo significado para a vida cristã ao dizer:

> "A fé nos faz recordar que recebemos o batismo para a remissão dos pecados, no nome de Deus Pai e no nome de Jesus Cristo, o Filho de Deus encarnado, morto e ressuscitado, e no Espírito Santo de Deus; ademais, este batismo é o selo da vida eterna e é o nosso novo nascimento em Deus, de tal modo que não somos mais filhos de homens mortais, mas filhos do Deus eterno" (Epid. 3).

Diante desta compreensão, a Igreja, desde os seus inícios, sentiu a necessidade de uma preparação, de uma catequese, que precedesse ao batismo. Tal catequese, apresentada sob a forma das duas vias, a da vida e a da morte, é tratada de modo particular na *Didaqué* (anos 60-80), dos capítulos um ao sexto, que justamente a relaciona com o rito do batismo, citado logo em seguida.

Toda uma reflexão teológica irá se desenvolver com São Justino, no cap. 61 da *primeira Apologia*, de modo especial com Tertuliano na sua obra sobre o Batismo e é enriquecida com indicações precisas por Hipólito de Roma em sua *Tradição Apostólica*, sobretudo após o número 20.

Na perspectiva da doutrina do *Logos spermatikós*, semente do Logos ou da Verdade, São Justino oferece-nos algumas considerações sobre o batismo compreendido por ele como libertação, purificação e iluminação. Antes de tudo, ele o considera como sendo uma obra maravilhosa realizando-se ao longo de um processo "graças à semente do Verbo, da Verdade que é Jesus, congênita a toda a raça humana" (2Apol. 8, 1). Na medida em que o ser humano vive segundo esta "semente da Verdade", ele se torna livre e liberta os outros, como demonstra, diz ele, o "comportamento dos filósofos, dos poetas e dos escritores" (2Apol. 8, 1) e, sobretudo, "dos profetas" (Diál. 85, 4; 42, 4).

Mas essa participação do Verbo-Jesus é apenas parcial. Pode-se falar de uma parcial libertação que se tornará plena "com a noção e a visão da razão total que é Cristo" (2Apol. 8, 3). O batismo é o sacramento que justamente consagra essa adesão definitiva à luz, ao Logos total, à Verdade plena. A luz é comunicada em toda a sua plenitude, luz da qual o ser humano participava parcialmente pela presença nele da "semente do Logos". Aquele que recebe o batismo é denominado pelo termo iluminado *(photismós)*, para justamente indicar a passagem do mundo das trevas à participação na luz de Cristo.

Com o batismo, o ser humano é libertado-purificado-iluminado para poder inserir-se na "nova raça" da qual Cristo é o "princípio". Justino coloca o cristão no estado de uma nova criação mediante Cristo: segundo seu pensamento, os cristãos são os homens "renovados" (1Apol. 64, 1), que receberam a "regeneração" (1Apol. 66, 1). Na medida em que o ser humano adere ao bem, isto é, a Deus, Bem supremo, ele atinge uma mudança total, ou seja, física, moral e espiritual. Existe, assim, uma renovação do homem, a qual, como o "nascer de novo" de São João, não é apenas moral, mas abrange todo o seu ser. É interessante notarmos que o batismo tem para os primeiros cristãos um significado tão denso que na própria lógica do batismo eles situam o martírio. Daí lermos que os que renegam Cristo diante dos tribunais são tidos como um "grupo dos que jamais tiveram um pouco de fé, nem compreensão do que seja a pureza batismal" (Carta da com. de Viena e Lyon V, 1, 48). Estes foram batizados na água, mas não na fé em Cristo.

O batismo é, portanto, um processo de transformação integral em Cristo, graças à ação de Deus na vida humana. Ação realizada pelo Espírito Santo, ressalta Santo Irineu, que assemelha o homem a Cristo, operando sua regeneração e, portanto, sua inserção em Cristo.

2. Exigências do amor (ágape) divino

A moral e as normas éticas estão presentes em todos os escritos dos primeiros representantes da vida da Igreja, portanto, desde os Padres Apostólicos, que unem à mensagem cristã as exigências de conduta que dela decorrem. Alguns escritos são propriamente parêneses, isto é, pregação cujo objetivo é exortar à virtude. Ao lado de um profundo e verdadeiro misticismo, como encontramos em Santo Inácio de Antioquia, em Orígenes e, particularmente, nos Capadócios, com São Gregório de Nissa, há uma sólida doutrina moral, que reflete as preocupações da Igreja perante a sociedade da época. É o despontar de uma teologia moral, patrimônio da Tradição Católica, embora saibamos que evidentemente não é fácil separar, nos Santos Padres, a moral da espiritualidade, como também fazer a transposição das preocupações daquela época para o contexto atual.

Santo Inácio de Antioquia apresenta uma elevada visão da dignidade do bispo e, por isso mesmo, não deixa de considerar as reais e sérias exigências que esta função comporta. São exigências que brotam da caridade (ágape) pastoral, presença viva do amor (ágape) divino na vida da Igreja. A São Policarpo, ele escreve:

"Se amas os bons discípulos, não tens mérito; submete com mansidão os mais contaminados". Seu ministério exige firmeza e vigilância, pois, continua ele, "o tempo presente exige que, para chegar a Deus, sejas como os pilotos que invocam os ventos e como aqueles que esperam o porto ao serem surpreendidos pela tempestade. Sê sóbrio como atleta de Deus" (A Pol. I, 2) e "permanece firme, como a bigorna sob os golpes do martelo, pois é próprio de grande atleta aparar os golpes e vencer" (1, 3).

São Policarpo, dirigindo-se aos presbíteros e diáconos, recomenda que eles "se abstenham de toda cólera, acepção de pessoas, julgamento injusto, mantenham-se distantes do amor ao dinheiro". Já antes, ao falar aos diáconos, ele os tinha exortado:

> "A não caluniarem, nem serem dúplices nem amantes do dinheiro. Fossem eles castos *(encrateis)* em todas as coisas, misericordiosos, zelosos, andando segundo a verdade do Senhor" (VI, 1; V, 2).

Mas será a homilia pseudoclementina que irá frisar, como aspecto privilegiado da conversão *(metánoia)* e na perspectiva do Reino de Deus, a virtude da continência *(peri encrateias)* (XV, 1). Clemente de Alexandria, em sintonia com toda uma preocupação presente na Igreja, fala da luta contra as paixões como uma das tarefas mais importantes do cristão (cf. Strom. II, 20, 112, 1s). Isto sem jamais perder de vista a observação de Orígenes de que "a salvação dos pecadores é a glória do sacerdote" (Hom. V, sobre o Lev. 4).

O pecado denominado "corrupção de crianças", na sua forma verbal "*paidofthoréo*", corromper crianças, encontra-se quatro vezes nos Santos Padres; o termo "*paidofthoría*" indicando propriamente a corrupção de menores ocorre seis vezes. Já a *Didaqué*, escrita entre os anos 60 e 80, apresenta, ao lado das exigências de "não matar, não cometer adultério", a de "não corromper os jovens e a de não matar a criança no seio de sua mãe" (11, 2). Essa sequência de pensamentos nos leva à compreensão de que a corrupção de menores se situa entre os mais graves pecados, como o de tirar a vida de alguém. Por outro lado, ao lermos os Padres Apologetas do século II, constatamos que este pecado, como também o incesto e, sobretudo, o aborto, deve ser situado num contexto mais amplo, o de uma sociedade cuja marca de decadência moral é cada vez maior.

a) *O desrespeito à vida*

A ameaça à vida humana está presente ao longo da história, como já testemunham as primeiras páginas do Gênesis, com o homicídio de Caim. Ameaças que provêm da própria natureza e são agravadas pela incúria humana; outras são frutos diretos de interesses contrapostos. No espectro dentro do qual se situam as grandes ameaças, encontramos, desde os primeiros Santos Padres, as do aborto e a da corrupção dos jovens. A isto São Justino contrapõe a exigência de castidade apresentada por Jesus (1Apol. 15, 1-15) e, fazendo apelo à pureza, refere-se à vida "de homens e mulheres que permaneceram puros até os sessenta e setenta anos de idade" e acrescenta que "pode citar exemplos em todas as classes sociais" (15, 6).

Tertuliano também situa tal desvio entre os crimes de homicídio, pois a corrupção significaria levar alguém ao pecado, sem que haja propriamente o consentimento da vítima. Diz ele que a "interdição do homicídio é uma vez por todas e em todos os casos, parece se referir a uma norma absoluta e aceita como tal pelos cristãos". Mais adiante, na Apol. 9, 6, ele, num mesmo quadro, refere-se à exposição ou corrupção de crianças, considerando tal fato como um homicídio, como também, a seguir no parágrafo 8, para logo depois se reportar ao aborto frisando ser um homicídio no sentido estrito da palavra, ligando ao preceito do decálogo: "Não matarás". Neste sentido, escreve São Basílio Magno a Anfilóquio:

> "À mulher que deliberadamente comete aborto seja imposta a pena do homicídio. Não se pergunta entre nós se o feto é formado ou não. Deste modo se faz justiça não só à criatura não nascida, mas também à própria mulher que traiu a si mesma, pois com mais razão, os que perpetram tais coisas atingem a vida" (Carta 188, 2).

De fato, o anúncio da Boa-Nova compreende respeito à vida e observância rigorosa do mandamento: "Não matarás". É verdade que esse mandamento se reveste de um conteúdo negativo, pois estabelece o limite extremo que em hipótese alguma deve ser transposto: não se pode jamais permitir a eliminação de uma vida inocente, física e espiritualmente falando. Há a constante compreensão da vida humana como dom de Deus, sendo, por isso mesmo, sagrada. Daí a relação entre o amor *(ágape)* divino e o amor *(ágapc)* pastoral. Este sempre será um reflexo do primeiro. Por extensão, os Santos Padres acentuam que cometer adultério como também a fornicação, o incesto e a corrupção de menores são compreendidos como um delito, que se assemelha à idolatria. É negar o amor de Deus para com todos. Tertuliano declara:

> "O adultério é parente da idolatria, pois a própria idolatria é muitas vezes escrita para o povo judeu sob o nome de adultério e de fornicação" (De pud. 2, 11).

b) *Contexto social e moral da época*

É interessante notarmos que a religião tradicional do Império Romano nas origens do cristianismo está em crise. O próprio Santo Agostinho nos traz um testemunho do século I em que se exprime o temor que "os deuses pereçam, não por um ataque externo, mas pela indiferença dos cidadãos" (De Civ. Dei 5, 2). As correntes filosóficas dessa época insistem sobre a superação da religião dos antepassados. Em seus diversos aspectos, tanto o epicurismo quanto o estoicismo e o neopitagorismo convergem nesse sentido.

Encontra-se difundida uma tendência a um culto interiorizado, excluindo os sinais exteriores, considerados inúteis. Surgem, então, os cultos mistéricos que ofereciam a certeza de uma proteção especial da divindade sobre o indivíduo. Eram religiões de salvação, e a sua soteriologia exprimia-se em ritos e manifestações exteriores, como aspersões, banhos, muito mais que em ensinamentos teológicos.

De par com essa crise da religião oficial, há uma grande decadência moral, de tal modo que os cristãos, na sociedade pagã, estavam expostos e tentados a serem homicidas, adúlteros, pederastas e ladrões. Se encontramos penalidades rigorosas para os pecados contra os pais, contra o juramento feito e a justiça ou até contra quem faz mau uso das riquezas, como afirma Píndaro, no entanto, as faltas contra a santidade do matrimônio só são recriminadas muito mais tarde, e não se apela em nenhuma parte para punições mais severas contra a pederastia.

É nesse ambiente que os Padres da Igreja, na fidelidade ao Evangelho, serão firmes e irão apresentar com clareza a "regra de fé", no dizer de Santo Irineu, e normas específicas de disciplina e conduta, que farão a *Carta a Diogneto* exclamar que "o cristão é a alma do mundo". Os cristãos estão espalhados pelas cidades gregas ou bárbaras, conformando-se aos costumes locais no vestir, na alimentação, na forma de viver. No cap. V, 10, desta mesma carta, no entanto, lemos: "Obedecem às leis estabelecidas, superando-as, todavia, pela vida". De fato, os cristãos, embora profundamente inseridos na sociedade do tempo, apresentam uma ética diferente, pelo que são acusados de misantropia: não vivem como os outros. Eles não participam dos jogos do circo, dos espetáculos teatrais ligados a atos imorais, e exaltam a virgindade:

> "Vivem na sua pátria, mas como forasteiros; participam de tudo como cristãos e suportam tudo como estrangeiros. Toda pátria estrangeira é pátria deles, e cada pátria é estrangeira. Casam-se como todos e geram filhos, mas não abandonam os recém-nascidos. Põem a mesa em comum, mas não o leito; estão na carne, mas não vivem segundo a carne; moram na terra, mas têm sua cidadania no céu (...); fazem o bem, e são punidos como malfeitores; são condenados, e se alegram como se recebessem a vida. Pelos judeus são combatidos como estrangeiros, pelos gregos são perseguidos, e aqueles que os odeiam não saberiam dizer o motivo do ódio" (V, 5-17).

Os cristãos têm consciência de que se o homem, por sua fidelidade, permanece no interior da Aliança, ele é cumulado de bênçãos, mas se ele dela se exclui por sua infidelidade, ele se orienta para o castigo eterno. Clemente de Alexandria, que se refere por duas vezes à corrupção de menores (Prot. 10, M. 8, 225 A e Paed. II,10, M. 8, 504 B), a situa, por exemplo, em relação à justiça divina, sobretudo em seu aspecto punitivo, o que é exigido pela situação do pecador.

Por conseguinte, os primeiros cristãos, numa sociedade voltada para o prazer, mostram-se coerentes e fiéis à mensagem neotestamentária. Para eles, não se pode deixar de punir o infrator, pois a punição constitui uma função da justiça divina, como meio de educação para aperfeiçoar o pecador e afastá-lo com horror das más ações. Ela tem uma força pedagógica indispensável para o crescimento do homem em sua vida para Deus (Paed I, 8, 64, 3). O mesmo Clemente de Alexandria chega a compará-la à intervenção dolorosa, mas salutar do cirurgião. É uma ação pedagógica e purificatória, que leva o cristão, no dizer de Santo Agostinho, à consciência das exigências da fé para a vida, pois "ser estrangeiro à vida de Deus é morte para a alma" (Serm. 212, 1). Só assim ele é introduzido "numa doçura digna da outra vida" (Conf. XL, 65).

Por isso o Concílio de Neocesareia nos can. 9s (Concílio de Neocesareia, século IV, antes do Concílio de Niceia) coloca em destaque especial a moralidade sexual do candidato ao sacerdócio. Os que cometeram adultério, fornicação ou coisas semelhantes são excluídos da ordenação. A vida passada deve ser uma garantia de que o candidato é capaz de viver segundo a doutrina, que ele deverá ensinar aos outros. E no C. 8 já afirmava que se alguém é consciente de ser um pecador, é melhor não desejar o ministério, porque ele não pode ensinar, mas tem ainda necessidade de ser instruído. São Basílio Magno dirá que "segundo antigo costume dominante nas Igrejas de Deus, só se aceitam ministros da Igreja após terem sido cuidadosamente examinados" (Carta aos Bispos da Região LIV).

3. Ideal de uma vida pura, piedosa e justa

Em suma, nos primeiros Santos Padres, encontramos, de modo explícito e vigoroso, a exigência de uma vida pura, piedosa e justa, pois só assim, confessa São Clemente de Roma, "é possível agradar a Deus, em conformidade a Cristo" (LXI, 2s). A *Didaqué* já nos havia apontado como regras para uma vida virtuosa: a prece, a hospitalidade, a caridade fraterna e a expectativa comum da Parusia. Só assim o homem poderá chegar à visão de Deus, que constitui, segundo Santo Irineu, a razão profunda da vida do ser humano e, sem dúvida, igualmente, e com maior força, dos ministros de Deus. Escreve ele:

"Em nós todos, o Espírito clama *Abba*, Pai, e modela o homem à semelhança de Deus. Portanto, o Espírito mostra o Verbo, ou seja, faz ver o Filho que nos conduz ao Pai" (Epid. 5). E, em outro momento, ele exclama: "Pois nossa face verá a face de Deus, e ela estremecerá de alegria inexprimível, pois ela verá Aquele que é sua alegria. Mas presentemente, é uma parte só de seu Espírito que nós recebemos, para nos predispormos e nos prepararmos à incorruptibilidade, acostumando-nos pouco a pouco a apreender e trazer Deus" (Adv. Haer. V, 7, 2–8, 1).

Erros e falhas, porém, existem, não só hoje, mas em todos os tempos. É-nos conhecida a frase de São João Crisóstomo a respeito das rivalidades no interior da própria Igreja: "Na Igreja, diz ele, existe muita inveja e entre nós ministros muito mais que entre os fiéis" (Com. Ev. S. Mt. Hom. XI, 4-5). Mas o apelo à santidade é válido para todos. Santo Hilário de Poitiers dirá que "um ministro culto perderá a autoridade que lhe provém da cultura, se a sua vida não for irrepreensível" (S. Trindade VIII).

Cremos que, para combater os males que enfraquecem nossa vida cristã e religiosa e alcançarmos este ideal de vida pura, piedosa e justa, é necessário algo que os Santos Padres tanto recomendavam e que constitui uma prática normal na Igreja e que é tão acentuada nos primeiros séculos: a ascese. A sociedade dos nossos dias talvez não consiga valorizar devidamente esse imperativo conclamado pelos Padres, em geral, e, de modo particular, pelos monges do deserto. Gostaria, neste breve capítulo, de recordar alguns aspectos dessa arma valiosa, que é para nós instrumento para chegarmos à vida serena em Deus, à *apátheia*, como se expressavam Orígenes e os Padres Capadócios.

É de fato muito importante como a pessoa elabora sua vida e como orienta suas emoções e sua afetividade e, portanto, sua sexualidade. A ascese terá aí um papel preponderante para a realização do celibato "por causa do Reino de Deus". Existem desvios, mas há sempre o pressuposto de que se deva trabalhar para corrigi-los. A base é que exista verdadeira vocação, embora sempre se deva levar em conta o que afirmava o Concílio de Neocesareia sobre a não ordenação de candidatos que apresentam tais desvios.

Neste contexto, vê-se a necessidade de uma ação que pode levar tanto à realização da pessoa como, caso contrário, à autodestruição. E isto é válido, segundo os monges do deserto, para todos os cristãos, celibatários ou não. A ascese é antes de tudo uma tensão, entendida como exercício, pois não tem um término, nem suporta a moleza. É um esforço e crescimento ao qual o cristão se deve aplicar cada dia, sempre de novo, em devotamento total. Santo Atanásio transmite-nos o grande discurso de Santo Antão aos monges egípcios:

"Para começar, diz ele, tenhamos o mesmo zelo, para não renunciar ao que começamos, para não perder o ânimo, para não dizer: 'Passamos demasiado tempo nesta vida religiosa'. Não, começando de novo cada dia, aumentemos nosso zelo" (Santo Atanásio, *Vida de Santo Antão*, n. 16). Um pouco antes nós lemos que ele "como se estivesse começando, fazia os maiores esforços rumo à perfeição" (n. 7).

Ascese é considerar os bens terrestres, postos todos juntos, como se nada valessem em relação aos celestes. Santo Atanásio exclama:

"Ainda que fôssemos donos de toda a terra e renunciássemos a toda ela, nada seria isto comparado com o Reino dos céus" (n. 17).

Finalmente, ascese é entregar-se totalmente ao Senhor Jesus. Tal entrega não é uma virtude entre tantas outras, mas é uma exigência da vida cristã. O verdadeiro objetivo de toda a ascese é justamente conformar-se a Cristo para ser, pelo Espírito Santo, morada do Senhor, na expressão de Santo Atanásio, "ser posse de Cristo".

Por isso, com muita ênfase o apologeta Teófilo dirá que a "vida pura, piedosa e justa é condição da visão de Deus" (Autol. 1, 7). São Gregório de Nissa falará da participação na vida de Deus, apontando para a união do homem com Deus. Torna-se de novo presente a ideia da necessidade de progredir, e isto por sermos uma comunidade de seres pessoais livres (cf. seu comentário aos Filipenses 3,13). É um processo progressivo, lembrado por Santo Irineu quando nos fala que o homem, "criado à imagem de Deus, deve estar constantemente se assemelhando a ele".

Poderíamos resumir este ideal de vida cristã, que deve se refletir, de modo particular, na vida presbiteral e episcopal, com a expressão de Santo Agostinho: *"in otio deificari"*, que sintetiza sua busca de Deus e que ele expressa na visão de Óstia: "Voamos para atingir, numa iluminação de pensamento, a eterna sabedoria que está acima de todas as coisas" (Conf. IX, 10). Santo Agostinho atinge a *apátheia*, esta serenidade interior em Deus, em quem ele encontra o verdadeiro repouso. Diz que, por um instante, ele e sua mãe têm a convicção de terem roçado a eterna sabedoria.

A palavra *"otio"* é esta liberdade interior, e Santo Agostinho reconhece que não se é capaz de viver esta realidade sem a renúncia ao mundo, numa vida casta, pura e piedosa. A ordenação sacerdotal não irá alterar propriamente esse ideal, mas irá acrescentar um elemento valioso que temos na expressão, cunhada por ele, *"necessitas caritatis"*, pois quem vive na contemplação de Deus não pode escapar à caridade. No fim da vida, ele pede um coadjutor, para se dedicar à contemplação e para fazer penitência, pois nenhum bispo, segundo ele, pode morrer sem fazer penitência.

A modo de conclusão, nós diríamos que, desde o início da vida cristã, todo seguidor do divino Mestre, por ele convocado, é movido pela fé a trabalhar seriamente sua própria pessoa. Só assim, cada vez mais, ele poderá atingir a união amorosa ou, como diz Clemente de Alexandria, ele poderá chegar "ao santo amor, criação sublime e salvadora de Cristo" (Paed. II, 1, 4, 3). O verdadeiro amor, total esvaziamento de si mesmo e entrega total de sua pessoa ao Pai, no serviço generoso e despretensioso aos irmãos, é o motor e selo da realização e da perfeição humana. O cristão se lança, no dizer de Santo Irineu, no processo de assemelhação a Jesus, cujo ponto culminante é a cruz, no abandono total, na doação oblativa ao Pai. Então, ele participará da Ressurreição do Senhor e da nova vida concedida por ele a todos os que o seguem com fidelidade. Será a vida "no e segundo o Espírito divino", na expressão de Orígenes, que fará o cristão experimentar sempre mais o que seja a serenidade, *apátheia*, no amor a Deus e aos irmãos. Cada momento de sua vida, o discípulo proclamará a novidade do seu encontro com o Cristo. Diria Santo Inácio de Antioquia, é um perder-se na fala do silêncio de Deus.

XI

A Escatologia Nos Dois Primeiros Séculos

Os PADRES APOSTÓLICOS são os discípulos dos Apóstolos ou pessoas que tiveram, de um modo ou outro, contato com eles e que pertenceram à primeira geração pós-apostólica. A eles devemos a organização das Igrejas locais e a transmissão das instruções e dos ensinamentos que haviam recebido dos Apóstolos. É realmente admirável quando vemos as condições em que tais igrejas viviam, de difícil comunicação, e terem desenvolvido uma real organização interior, conservando entre si uma unidade de fé, de prece e mesmo de disciplina. Daí a importância do testemunho destes Padres, destacada por Santo Irineu quando escreve a respeito de São Policarpo, aos pés de quem ele ouvia falar da vida e da mensagem de Jesus:

> "Estas coisas, relata Santo Irineu, eu as escutava com cuidado e as anotava não sobre um papel, mas em meu coração; e sempre, pela graça divina, eu tenho ruminado com fidelidade e testemunhado" (Eus. H.E. V, 20, 6).

1. Esperança, semente de vida no coração humano

A pessoa, no seu todo, leva consigo a semente da esperança. Nas cartas de Santo Inácio de Antioquia é muito comum o emprego dos termos corpo e alma, carne e espírito, como que se contrapondo, deixando transparecer, à primeira vista, certa dualidade. Assim, por exemplo, em sua *Carta aos tralianos* nós lemos:

> "Aliviado no corpo e no espírito" (12, 1), e ao bispo São Policarpo ele aconselha que se ocupe no pastoreio "com toda diligência, de corpo e espírito" *(sarkiké kai pneumatiké)* (A Pol. 1, 2). Ele louva a fé dos esmirniotas, que ele caracteriza como imutável, pois "eles estão pregados na carne e no espírito à cruz de Jesus Cristo e confirmados no amor do seu sangue" (1, 1).

Mas há uma unidade fundamental no homem, que permite a ambos agradecer a Deus o dom do martírio. Escreve o bispo de Esmirna:

"Eu te bendigo por me teres julgado digno deste dia e desta hora, de tomar parte entre os mártires" (XIV, 1-3).

Na total confiança em Deus, a morte é descrita como caminho para a comunhão eterna. Convicção esta expressa pelo mártir São Policarpo: morrer, para o cristão, é passar "para a ressurreição da vida eterna da alma e do corpo, na incorruptibilidade do Espírito Santo". A esperança alimenta suas vidas, o que faz com que São João Crisóstomo declare:

"Tu deves sentir plena certeza não só do que te foi dado, mas também do que te será dado, como se já o tivesses. A esperança das realidades futuras deve ser certa como a dos bens presentes" (Com. Ep. aos Rm 10, 2). E São Leão Magno prega aos fiéis: "No amor de Deus nada é muito; no amor do mundo, tudo é muito e nocivo. Por isso devemos ligar-nos para sempre aos bens eternos, e usar os bens temporais só de passagem (...), de tal modo que os bens deste mundo sirvam como alimento para a viagem, não como atrativo para uma morada fixa" (Serm. 90, 2-3).

2. Ressurreição da pessoa toda

A profunda unidade entre os elementos constitutivos do homem exige, afirma claramente São Justino, sua integral ressurreição. Diante da filosofia medioplatônica, em vigor no seu tempo, justamente no contexto do homem como uma unidade, São Justino será o primeiro Padre da Igreja a refutar, de maneira simples, mas com grande clareza, a doutrina da transmigração das almas. No *Diálogo com Trifão* 4, 3-4, ele apresenta um motivo de ordem geral ao afirmar que o homem, "animal racional", foi criado "à imagem e semelhança de Deus", frisando que "só o ser humano foi plasmado, quanto ao corpo, à imagem de Deus". Em outras palavras, só o corpo humano reflete, previamente, o corpo da imagem de Deus, o Verbo Encarnado, Jesus Cristo, e também só ele é convocado a refletir, por meio do Espírito Santo, a semelhança interna com o Verbo divino, por uma vida santa, que o torna capaz de ver a Deus.

A relação entre os diversos elementos do ser humano é estreita, pois eles brotam do mesmo ato criador, "o corpo é a casa do sopro de Deus" (Diál. 40, 1) e os homens podem se tornar morada do Logos e do sopro que procede de Deus. O ser humano é, portanto, perfeita unidade, verdadeira harmonia de todos os elementos, pois um só elemento não poderá constituí-lo integralmente. No fragmento "De Ressurrectione", atribuído a Justino, esta união aparece de modo bem claro e, como no *Diálogo com Trifão*, ele emprega o termo *"ánthropos sarkikós"* (homem carnal) para designar o homem total e concreto, ponto central dos textos bíblicos da criação: Gn 1,26 e 2,7, situando-os em relação ao Logos, o Filho de Deus.

Em síntese, os textos bíblicos se harmonizam entre si na concepção do homem total (ánthropos sarkikós), o ser humano, em todos os seus elementos, criado "à imagem e semelhança de Deus". Desta forma, desde o início da existência do gênero humano, já se entrevê o aparecimento da nova raça dos cristãos. Na expectativa da realização da promessa do Logos Encarnado, o homem vive a sua presença como o despontar nele do homem novo e interior. É a marcha histórica, na força do Logos, para o Logos total, o Filho de Deus, nascido entre nós.

Para São Justino, o corpo é vivificado pela alma, a alma é vivificada pelo espírito e o espírito, por si mesmo, como participação do Espírito Santo é vivificante, na medida em que o homem vive a prática do bem e da justiça. A conclusão é a constante e unânime profissão de fé dos Padres, já nestes primeiros séculos, na ressurreição. No reconhecimento da unidade do ser humano, Justino afirma com clareza "que haverá uma ressurreição da carne" (Diál. 80, 5; e na 1Apol. 52, 3): "Cristo ressuscitará, escreve ele, os corpos de todos os homens que existiram". É com insistência, no combate à reencarnação, que ele irá afirmar: na ressurreição final as almas assumirão seus próprios corpos, não outros. Ele rejeita uma posição medioplatônica, que sustentaria a reencarnação, de tal modo que as "almas vivem encarceradas em corpos de bestas, e isso constitui um castigo". Após argumentar, rebatendo, ele conclui:

> "Nem as almas veem Deus (antes de vir para seu corpo atual) nem transmigram a outros corpos; pois saberiam que esse é seu castigo e temeriam posteriormente cometer o mais leve pecado" (Diál. 4, 6-7). No juízo final os culpados "serão com suas almas, juntamente com seus corpos *(autois sómasi)* e serão punidos com uma pena eterna e não por um período de mil anos, como alguns asseveravam" (1Apol. 18, 6). E os que seguiram Jesus "ressuscitarão no tempo estabelecido, por ordem de Deus, e se revestirão de incorruptibilidade" (1Apol. 19, 3; De Res. 3). Os ressuscitados "não tomarão corpos de outros, mas os próprios, íntegros, glorificados, por conseguinte, incorruptíveis, impassíveis e imortais" (Diál. 69, 7. 46, 7).

De suma importância é a relação estabelecida por São Justino entre a Eucaristia e a transformação do ser humano em sua totalidade. A Eucaristia efetiva uma verdadeira e real mudança no ser humano, não apenas na sua alma, mas em todo o seu ser, no homem total (*ánthropos sarkikós*).

Ao falar da Eucaristia e à luz de sua concepção sobre o homem, São Justino discorre sobre a escatologia, que gravita ao redor da segunda vinda de Cristo. Se o termo *"parousía"* se encontra só quatro vezes nos Padres Apostólicos, ele está vinte e nove vezes presente em seus escritos, sendo que ele se refere vinte e uma vezes à "segunda vinda" de Cristo, em sua apresentação triunfante e não mais em sua apresentação humilde do Filho de Deus feito homem. No *Diálogo* 39, 7, ele escreve:

> "Que o Cristo foi anunciado pelas Escrituras como passível, e que novamente ele virá com glória para receber o reino eterno de todas as nações, reino que será submetido a ele, está suficientemente demonstrado pelas Escrituras".
> A ressurreição, que acompanhará a Parusia, será universal, e "se salvarão igualmente os que viveram com piedade, conforme a lei de Moisés, como também todos os que cumpriram o que é universal, natural e eternamente bom, por meio de Cristo (...), enquanto outros serão enviados ao fogo para serem sem trégua castigados, e outros gozarão de impassibilidade e incorrupção, isentos de dor e de morte" (Diál. 45, 4).

Ao falar de ir aos cumes dos céus, São Justino quer expressar que o céu é distinto da terra, que está elevado sobre ela, e a seguir nos dá a primeira definição cristã do inferno:

> "É o lugar onde serão castigados os que tiverem vivido de modo iníquo e não acreditaram no que Deus ensinou por meio de Cristo" (1Apol. 19, 2).

Descreve, assim, o inferno como "castigo" (1Apol. 8, 4; 12, 1; 18, 2 etc.), "condenação" (1Apol. 12, 2; Diál. 35, 8), "destruição" (Diál.. 39, 6) e "morte" (Diál.. 124, 4; 199, 6). Numerosos são os textos que nos falam da eternidade do castigo, como no *Diálogo* 120, 5: "Cristo há de dividir em duas partes as pessoas... aos que merecerem, ele lhes concederá um reino eterno... e aos demais os enviará ao suplício do fogo inextinguível". São Basílio Magno dirá:

> "A morte não é absolutamente um mal, a não ser a morte do pecador, pois desde o momento de sua partida daqui é para ele o início das penas do inferno. No entanto, os sofrimentos infernais não têm Deus como autor, mas nós mesmos. O princípio e a raiz do pecado, de fato, residem em nós, na faculdade do nosso livre arbítrio. Ser-nos-ia possível não sofrer tais penas se nos tivéssemos afastado do mal; mas, deixando-nos levar pelo prazer e tendo pecado, qual sutil argumento podemos aduzir a não ser o de reconhecer simplesmente que somos nós mesmos os autores das nossas misérias?" (Hom. Deus não é autor do mal, 2-3).

3. Santo Irineu e a teologia da "acostumação"

Santo Irineu procura, numa visão profundamente bíblica, tratar de algumas questões filosóficas, sobretudo, antropológicas. Seguindo São Paulo (1Ts 5,23), ele descreve o ser humano constando de corpo, alma e espírito, elementos que serão a base de sua doutrina escatológica. Na obra *Adversus Haereses* V, 9, 1, ele assinala:

> "O homem perfeito consta de carne, alma e espírito. Destes, um é o que salva e configura: é o espírito; outro é o que está unido e configurado, que é a carne. E finalmente, o terceiro que é o que está entre ambos, que é a alma, que algumas vezes segue o espírito e é elevada por ele, mas, em outras ocasiões, consente com a carne e cai nas concupiscências terrenas. Os que não têm o que salva, o que já se configura em vida, são chamados carne e sangue, dado que não têm em si o Espírito de Deus (...) não têm o Espírito que é o que vivifica o homem".

Através deste texto, o homem só pode ser compreendido em sua correspondência ou não ao Espírito divino. O cristão é, portanto, por essência alguém que está em contínuo progresso, num caminhar constante para Deus. Por isso, da "perseverança... da alma, do corpo e do espírito" depende a salvação do homem. A salvação é única e abrange os três elementos, na medida em que os três: "espírito, alma e corpo cumprem 'sem querela' os mandamentos relativos ao amor de Deus e do próximo" (V, 6, 1).

a) *A graça nos conduz à visão de Deus*

Santo Irineu supõe uma ação constante de Deus que conduz o homem ao seu destino sobrenatural. Ação que se realiza segundo o que o homem é capaz de receber e aceitar em sua estrutura de criatura humana. A graça não suplanta nem diminui a natureza. Ela a complementa, eleva-a e aperfeiçoa-a, até que o ser humano atinja o "homem perfeito", fruto de uma evolução ao mesmo tempo inexplicavelmente natural e sobrenatural, pela qual Deus atrai o homem a si, segundo o modo como a natureza humana pode ser atraída.

Toda a economia divina prepara o homem à visão de Deus. Preparação que atinge sua plenitude no mistério da Encarnação e que o insere na missão do Senhor, cujo objetivo é promover o seu crescimento em vista de seu fim último. Este é compreendido, não de modo pontual, mas em sentido escatológico. Jamais terá um término. É o desabrochar contínuo no desvelamento do mistério insondável e eterno de Deus. Como em sua vida terrena, o homem se eleva e se transfigura no poder da divina misericórdia. Graça concedida ao homem pelo próprio Senhor, na expressão de Santo Agostinho:

> "Ninguém pode conceder a graça de Deus mais que o próprio único Filho de Deus que, permanecendo plenamente imutável em si, revestiu a natureza humana para

comunicar aos homens a esperança do seu amor. Para que por mediação dele homem, os homens pudessem chegar a ele, que tanto dista deles: ele imortal e nós mortais, ele imutável e nós mutáveis, ele justo e nós pecadores, ele feliz e nós miseráveis" (De Civ. Dei 10, 29).

b) *"Acostumação" à presença de Deus*

Se o pecado é situado num plano secundário, não é simplesmente porque Santo Irineu combatia os gnósticos, mas porque o pecado não pode ser considerado o verdadeiro centro da teologia cristã. Seu centro absoluto é o desígnio de Deus, manifestado em definitivo na Encarnação do Verbo. Por isso, para ele o plano universal de salvação e a recapitulação estão intimamente unidos, pois o plano de Deus abarca tudo: o mundo, os homens, a criação, a redenção:

> "Há um só Deus, o Pai, e um só Cristo, Jesus nosso Senhor, que veio ao longo da economia universal, recapitulando tudo nele mesmo" (Adv. Haer. III, 18, 6; II, 87).

A Encarnação não deixa também de ser preparação para a parusia. Toda a humanidade, pela prática do bem e da justiça, na vinda de Cristo, é convocada a ir "se acostumando à presença do Senhor", assim, também agora, todos, na "acostumação" à presença real de Jesus, são convidados a se prepararem para a visão de Deus. Daí sua célebre expressão: "A glória de Deus é a vida do homem e a vida do homem é a visão de Deus" (Adv. Haer. IV, 20, 7). São Gregório de Nissa confessa, presente no coração humano, o ínsito desejo de contemplar a Deus:

> "Quem olha para a infinita beleza de Deus, se maravilha do que continuamente aparece e não diminui jamais o desejo de contemplar, pois o que é pouco a pouco descoberto se apresenta sempre como o mais novo e extraordinário do que já foi compreendido: o que é esperado se torna mais divino e grandioso do que já se tem sob os olhos" (Com. Cant. dos Cant., 11).

Santo Irineu dedica boa parte de sua obra sobre a escatologia ao estudo da ressureição. Ele afirma que a salvação do homem é mais que a salvação da alma, é também a glorificação do corpo. Sustenta, com clareza, a ideia da ressurreição integral do ser humano: alma, corpo e espírito, pois é o homem todo que é convocado a constante progredir para Deus, pois traz em si o apelo da ressurreição de Jesus. Aliás, no livro *Epideixis*, ele oferece toda uma argumentação, cujas linhas gerais podem ser assim resumidas: Cristo nasceu, morreu e ressuscitou (118); deste modo venceu a morte e instaurou a futura ressurreição do homem (119); desde então os homens participam da incorruptibilidade (120); finalmente, os

Apóstolos pregaram por todas as partes "a ressurreição dos mortos, a vida eterna, graças àquele que morreu e ressuscitou: Jesus Cristo" (121).

c) *O juízo final*

Para Santo Irineu, o juízo universal é o momento de discernimento da conduta humana. Numerosos são os textos que falam de Cristo como "Juiz", pois "ele que padeceu sob Pôncio Pilatos é o Senhor de todas as coisas, é Rei, Deus e Juiz" (Adv. Haer. III, 12, 11). O seu juízo será justo (IV, 11, 5), será duro em sua sentença (III, 4, 1), particularmente com os hereges (IV, 50-53) e os perseguidores (Epid. 48). Será mais rigoroso que em Sodoma e Gomorra (Adv. Haer. IV, 44, 1). A ideia central, muitas vezes repetida, é que, no fim dos tempos, tudo será em Cristo recapitulado:

> "Jesus Cristo virá para recapitular tudo, para ressuscitar os mortos e para que todo joelho se dobre nos céus, na terra e nos infernos e toda língua confesse Cristo Jesus, Senhor nosso, Deus, Salvador e Rei, segundo a vontade do Pai invisível, e para que exerça um juízo justo sobre todos e envie ao fogo eterno os espíritos maus, os anjos transgressores, os homens apóstatas, ímpios, injustos, iníquos e blasfemos, e confira como prêmio a incorruptibilidade aos justos e bons que guardaram seus mandamentos e perseveraram em seu amor, alguns desde o princípio e outros por meio da penitência" (Adv. Haer. I, 10, 1).

Apresentando o céu e o inferno como alternativas, ele acentua que a morte eterna é resultado da liberdade humana e enumera pecados que motivam a condenação: não crer em Cristo, não aceitar a verdade e induzir outros contra a Igreja de Deus; não produzir frutos de boas obras. Numerosos outros textos falam dos homens "apóstatas", "blasfemos", "injustos", "ímpios", "idólatras", "fornicadores", "impenitentes" etc. São Gregório de Nissa discorrerá sobre a imparcialidade do juízo divino:

> "O juízo divino segue, com sentença reta e imparcial, as premissas postas por nós, e distribui a cada qual o que ele mesmo se proporcionou: aos que, como diz o Apóstolo, buscam honra e glória no fazer o bem, a vida eterna; aos que, ao contrário, se rebelam contra a verdade e se tornam dóceis à injustiça, à ira e à aflição, terão tudo o que se pode chamar de tremenda retribuição. Os espelhos precisos refletem a imagem dos rostos, assim como eles são: imagens alegres de rostos alegres, imagens tristes de rostos aflitos, e ninguém pode culpar o espelho se, de quem é abatido pela tristeza, ele representa uma imagem tétrica" (As Bem-aven. 5, 3).

d) *O purgatório*

Finalmente, pode-se deduzir da doutrina antropológica de Santo Irineu sobre a salvação a existência do purgatório. As almas, separadas do corpo, estariam no Hades, na expectativa de unir-se aos corpos ressuscitados. A glorificação se consuma no céu com a visão de Deus e a comunhão em sua própria vida. No tempo anterior ou no tempo de "espera" dá-se a purificação. Embora ele não trate especificamente do assunto, o único sofrimento a que a pessoa estaria sujeita seria, justamente, o fato de sua ainda não glorificação. O sofrimento consistiria na ausência de uma comunhão plena na visão total de Deus.

Sem deixar de acentuar o aspecto escatológico do julgamento final, Santo Agostinho esclarece que já no momento da morte se tem assegurada a sorte eterna no final dos tempos. No entanto, afirma que, desde então, já há uma diferença essencial no que se refere à retribuição, pois os falecidos passarão por um estado de purificação (Com. Ev. S. Jo. 26, 16). Escreve ele:

> "No intervalo entre a morte e a suprema ressurreição, as almas são recebidas nas moradas secretas, para sofrerem tormentos ou para encontrarem repouso, segundo o que mereceram no tempo em que estavam unidas a seus corpos" (Ench. 29, 109).

Citado pelo *Catecismo da Igreja Católica*, temos o testemunho de São Gregório Magno:

> "No que concerne a certas faltas leves, deve-se crer que existe antes do juízo um fogo purificador, segundo o que afirma aquele que é a Verdade, dizendo, que, se alguém tiver pronunciado uma blasfêmia contra o Espírito Santo, não lhe será perdoada nem no presente século nem no século futuro (Mt 12,32). Desta afirmação podemos deduzir que certas faltas podem ser perdoadas no século presente, ao passo que outras, no século futuro" (S. Gregório Magno, Diál. 41, 3).

A vida eterna culmina, no dizer de Santo Irineu, com o assemelhar-se a Jesus. Por isso, os que morreram na comunhão com ele, mas não se encontram totalmente purificados ou livres do egoísmo, deverão ser purificados de toda contaminação do pecado. É o sentido da oração pelos falecidos, em que a Igreja os recorda e por eles oferece sacrifícios, os assim chamados sufrágios, sobretudo, a celebração eucarística. A exigência da purificação decorre do fato de existir entre Deus e o pecado uma absoluta incompatibilidade, comenta São João Crisóstomo:

> "Levemos-lhes socorro e celebremos sua memória. Se os filhos de Jó foram purificados pelo sacrifício de seu pai, por que deveríamos duvidar de que nossas oferendas

em favor dos mortos lhes levem alguma consolação? Não hesitemos em socorrer os que partiram e em oferecer nossas orações por eles" (Hom. in 1Cor 41, 5).

4. Oração pelos falecidos e a purificação pós-morte

Levando adiante a reflexão feita anteriormente, recordamos que a oração pelos falecidos, no século III, conta com o claro testemunho de Tertuliano. Ele atesta o fato de celebrar-se a Eucaristia em prol dos defuntos, prática recebida da Tradição (*De corona* 3, 1-2). "Fazemos oblações, declara ele, pelos defuntos no aniversário como no dia do seu nascimento". Em Santo Agostinho, encontramos a comovente passagem em que ele ouve dos lábios de sua mãe como último pedido, antes de sua morte, que se deu em Óstia, quando ambos embarcavam no seu retorno para a África:

"Enterrai este corpo em qualquer lugar, nem vos preocupeis mais com seu cuidado, apenas vos peço que vos lembreis de mim perante o altar do Senhor onde quer que estejais" (Conf. 9, 11, 27). Poucas linhas depois, nas suas Confissões, falando ainda de sua mãe, ele declara: "Deixando de lado, por um momento, suas boas ações, pelas quais te dou graças, com júbilo, agora te peço perdão por todos os pecados da minha mãe. Eu sei que ela agiu com misericórdia e que 'de coração perdoou as dívidas de seus devedores'; perdoa-lhe tu também as suas dívidas (Mt 6,12), se tiver contraído alguma durante tantos anos após ter sido batizada. Perdoa-a, Senhor, perdoa-a, suplico-te" (9, 13, 35).

No entanto, há uma passagem de Santo Agostinho que será basilar para a reflexão teológica posterior, no que concerne à oração pelos defuntos e à necessidade de purificação após a morte:

"Não se pode negar que as almas dos defuntos são aliviadas pela piedade dos seus familiares vivos, quando por eles se oferece o sacrifício mediador ou se oferecem esmolas na igreja. Mas essas coisas dão proveito àquelas que quando viviam mereceram que, depois, pudessem dar-lhes proveito. Porque existe um modo de agir, nem tão bom que não precise dessas coisas após a morte, nem tão mau que essas coisas não lhes sejam de proveito após a morte; mas também há um modo de viver no qual quem é bom não precisa dessas coisas e também existe um modo de viver no mal que não é possível ajudar com essas coisas, quando passe desta vida (...). Quando, portanto, se oferecem os sacrifícios, seja do altar, seja de qualquer tipo de esmolas por todos os batizados defuntos, com relação aos muito bons, são ações de graças, com relação aos que não são muito maus, lemos: Efetivamente, uma coisa é esperar o perdão, outra é chegar à glória; uma é ser enviado ao cárcere e só sair de lá depois de pagar até a última moeda (Mt 5,26s). Portanto, uma coisa é receber, depois, o prêmio da fé e da virtude; outra é limpar-se com uma ampla dose de sofrimentos e purificar-se com fogo pelos seus pecados. Sem esquecer que também se é purificado de todos os pecados com o martírio, e finalmente, ser coroado depois pelo Senhor" (Ep. 55, 20, 3).

A mesma ideia, aludindo a uma situação após a morte, já se encontra em Tertuliano (*De anima* 58, 8). Ao comentar o salmo 37, Santo Agostinho tecerá considerações, que serão posteriormente citadas na doutrina sobre o purgatório:

"Nem me emendes na tua ira" (Sl 37,2): para que me purifiques, nesta vida, e me faças de tal modo que eu não necessite daquele fogo purificador, como os que se salvarão, mas tão só através do fogo. Por quê? Porque estes edificam sobre fundamento de madeiras, feno, palha. Pois se edificassem sobre ouro, prata e pedras preciosas, também estariam seguros de ambos os fogos; não só daquele fogo eterno que há de atormentar os ímpios eternamente como também daquele fogo que corrigirá os que se salvarão por purificação (1Cor 3,5)" (En. in Ps. 37, 3).

A referência ao fogo é um modo de exprimir o sofrimento purificador. Na *Cidade de Deus*, Santo Agostinho volta a esse tema e esclarece que haverá uma purificação antes do juízo final: "Não haverá penalidades de caráter purgatório, senão antes daquele juízo derradeiro e tremendo" (De Civ. Dei 21, 16, 4). Daí se interpretar sua conversão como busca de felicidade, atração interior e purificatória, presente em sua vida, e que o levará a estar sempre mais mergulhado no amor de Deus.

XII

A Mariologia no Início da Vida da Igreja

ENQUANTO FUNDADA em dados evangélicos, a doutrina sobre Maria é domínio comum dos católicos, dos ortodoxos e, de algum modo, não é estranha à visão que a Reforma tem da Mãe de Jesus. A figura de Maria, a partir do Novo Testamento, foi conservada fielmente pela Tradição e a encontramos enriquecida pelos Santos Padres da Igreja. De fato, a Virgem Maria ocupa posição de destaque na reflexão teológica nos primeiros séculos da vida da Igreja. No entanto, os Santos Padres não discorrem sobre a mariologia como um tratado específico, mas sempre em relação ao mistério cristológico. É, pois, em função do mistério redentor do seu Filho que eles traçam considerações teológicas a respeito da Santíssima Virgem, como também expressam referências de caráter ascético, moral e espiritual sobre a Mãe de Jesus, o Filho de Deus.

Na leitura e meditação dos textos dos primeiros escritos de nossa história cristã, ao se falar do mistério da Encarnação, emerge a figura de Maria, como Virgem, em oposição à figura de Eva, mãe de todos os viventes. O reconhecimento de Maria como Mãe de Deus nasce bem cedo entre os Santos Padres, torna-se forte e vigoroso em toda a Igreja ao longo dos IV e V séculos, e o temos sintetizado na expressão de Santo Agostinho, no seu Tratado sobre a Trindade. Proclama o santo de Hipona: "Deus nasceu de uma mulher" (VIII, 5, 7). Nos beirais do século IV, vê-se com Santo Atanásio e, mais tarde, com Santo Ambrósio a esplendorosa apresentação de Maria como modelo da vida virginal, numa relação íntima entre a maternidade divina e a consagração virginal de Maria.

Neste rápido percurso pela Mariologia na era patrística, destacamos o que os Santos Padres desde o início realçam: a santidade de Maria, Mãe de Jesus e Mãe da Igreja, proclamada com vigor por Santo Agostinho e que constituirá inspiração de vida para os monges e ascetas. Esta relação mística com Maria fará que, principalmente neste período do IV e início do V século, a fé da Igreja a situe na sua vida de oração e, oficialmente, na sua vida litúrgica.

1. A Virgem Maria e Eva no plano divino da salvação

Já nos tempos apostólicos, encontramos a afirmação clara e explícita da concepção virginal de Jesus, situando-a no desígnio salvador de Deus. Santo

Inácio de Antioquia († 110) estabelece a relação entre os três grandes mistérios da vinda do Filho de Deus, desconhecidos, diz ele, pelo próprio demônio. Aos efésios, Santo Inácio declara:

"Ao príncipe deste mundo ficou escondida a virgindade de Maria, seu parto, e igualmente a morte do Senhor. Três mistérios retumbantes, continua ele, que foram realizados no silêncio de Deus". E ele acrescenta: "Então, toda magia foi destruída, e todo laço de maldade abolido, toda ignorância dissipada e todo reino foi arruinado, quando Deus apareceu em forma de homem, para uma novidade de vida eterna. Aquilo que havia sido decidido por Deus começava a se realizar" (Aos Efe. 19).

São Justino mártir († 165), também no horizonte da história da salvação, apresenta a Concepção virginal de modo destemido, pois como filósofo sabia bem quão difícil era esta afirmação diante dos pressupostos culturais e filosóficos dos judeus e dos pagãos. É ele quem irá traçar justamente o paralelo entre Maria e Eva.

"Confessamos, declara São Justino no *Diálogo com Trifão*, que Jesus nasceu da Virgem como homem, a fim de que pelo mesmo caminho que iniciou a desobediência da serpente, por esse também ela fosse destruída. De fato, quando ainda era virgem e incorrupta, Eva, tendo concebido a palavra que a serpente lhe disse, deu à luz a desobediência e a morte. A Virgem Maria, porém, concebeu fé e alegria, quando o anjo Gabriel lhe deu a boa notícia de que o Espírito do Senhor viria sobre ela e a força do Altíssimo a cobriria com sua sombra, através do que o santo que dela nascesse seria o Filho de Deus. A isso, ela respondeu: 'Faça-se em mim segundo a tua palavra'. E da virgem nasceu Jesus, ao qual demonstramos que tantas Escrituras se referem, pelo qual Deus destrói a serpente, os anjos e os homens que a ela se assemelham, e livra da morte aqueles que se arrependem de suas más ações e nele creem" (Diál. 100, 5s).

Em Santo Irineu († 202), que reflete os ensinamentos de São Policarpo, discípulo de São João, temos a teologia da recapitulação de todas as coisas na Pessoa de Jesus Cristo. Em sua obra *Epideixis*, ele declara:

"Para todos nós, que estamos ligados ao primeiro homem criado, Adão, que tínhamos sido 'algemados' à morte pelo fato da desobediência, era necessário que as algemas da morte fossem rompidas pela obediência deste que por nós se fez homem" (Epid. 31) "e assim refizesse o homem à imagem e semelhança de Deus" (id. 32).

Nesse rompimento das algemas do pecado, fato essencial de nossa salvação, denominado por Santo Irineu de "*recirculatio*" (percorrer outra vez o caminho, porém, em sentido inverso), é que Maria exerce uma função necessária.

Ao se referir a Jesus como aquele que "já existia como Salvador", Santo Irineu acrescenta:

"Ele devia tornar-se quem seria salvo, para ser o seu Salvador". E, continua ele, "da mesma forma, consequentemente *(consequenter)*, encontramos Maria, a Virgem obediente, que diz: 'Eis a serva do Senhor, faça-se em mim segundo a tua palavra', em contraste a Eva, que desobedeceu quando ainda era virgem" (Adv. Haer. III, 22, 4).

O santo de Lyon quer assim acentuar que como Jesus restaura Adão e a Cruz transforma a árvore da queda, a fé da Mãe de Jesus anula a desobediência de Eva. Há, portanto, necessidade providencial de uma nova Eva, ou seja, acrescenta Santo Irineu:

"O nó da desobediência de Eva foi desatado pela obediência de Maria, e o que Eva tinha amarrado pela sua incredulidade, Maria desligou pela sua fé" (Id. 22, 4).

São Jerônimo sintetiza este pensamento na bela fórmula: "Por Eva a morte, a vida por Maria" (Ep. 22 ad Eustochium, 21). Tal asserção constitui um marco fundamental da Mariologia patrística e nos leva a antever, após Santo Irineu, o que mais tarde Orígenes irá aludir, a função corredentora de Maria na obra salvífica do seu divino Filho. Maria derrama sobre nós a vida da graça, consequência interna de sua maternidade divina. Santo Agostinho dirá que sua mediação é excepcional e única no Corpo místico de Cristo (cf. Serm. 25, Mt XII, 4-50). E em outro sermão, ele destaca a profunda participação de Maria na obra do Espírito Santo:

"O Verbo de Deus, por quem foram feitas todas as coisas, aparece no seio da Virgem, sem abandonar os anjos, nem o seu Pai. Como pôde se encerrar naquele seio? Ele pôde lá estar presente, mas não aí encerrado! Pergunta-se: como um Ser tão grande pôde limitar-se num lugar tão pequeno? Ora, o útero conteve aquele que o mundo inteiro não contém! Mas ele não se fez menor para ali estar. Estava ali, continuando a ser igualmente grande. E qual era essa grandeza? Tal como era antes, essa é a que continuava a manter, no seio de Maria" (Serm. 225, 3).

2. Maria, Mãe de Deus

A maternidade física de Maria é sustentada desde o início pelos Santos Padres, fundados nos testemunhos da Sagrada Escritura e da Tradição apostólica, seja no ensinamento da fé, seja no combate às diversas heresias que emergem ao longo da história. Já Santo Inácio de Antioquia, combatendo o docetismo, sustenta a realidade da Encarnação de Jesus e oferece a base para uma correta compreensão da maternidade divina de Maria. Escreve ele aos efésios: "De fato, o nosso Deus Jesus Cristo, segundo a economia de Deus, foi levado no seio de Maria, da descendência de Davi e do Espírito Santo" (Aos Efe. 18, 2). Pouco antes, exortando os efésios a fugirem da heresia, Santo Inácio tinha proclamado:

> "Existe apenas um médico, carnal e espiritual, gerado e não gerado (no sentido de sua preexistência), Deus feito carne, Filho de Maria e Filho de Deus, vida verdadeira na morte, vida primeiro passível e agora impassível, Jesus Cristo nosso Senhor" (7, 2).

Mais tarde, Santo Agostinho vai declarar que esta verdade se liga indissoluvelmente ao mistério da Encarnação e da Redenção (cf. *De agone Christiano* 22, 24, 4).

Consideramos, acima, a reflexão de Santo Irineu que, ao estabelecer o paralelo entre Maria e Eva, aplica a *"recirculatio"* a Maria, deixando, no entanto, bem claro que esta, antes de tudo, está subordinada a Cristo. Mas como Santo Inácio, Santo Irineu funda a maternidade divina de Maria no mistério da Encarnação do Filho de Deus, ressaltando:

> "Ele veio para salvar a todos, mediante a sua pessoa, todos, digo, os que por sua obra renascem em Deus, crianças, meninos, adolescentes, jovens e adultos" (Adv. Haer. II, 22, 4). E mais adiante, ele declara: "Assim como Eva foi seduzida pela fala de um anjo e afastou-se de Deus, transgredindo a sua palavra, Maria recebeu a boa-nova pela boca de um anjo e trouxe Deus em seu seio, obedecendo a sua palavra" (id. V, 19, 1).

Graças ao sim de Maria, estabelece-se uma nova ordem, na qual ela tem uma função toda especial. No século IV, encontramos de modo particular Santo Atanásio de Alexandria, que traça o retrato de Maria, visando as comunidades de virgens que se multiplicavam na Igreja. Neste contexto ele escreve:

> "A vida de Maria, que gerou Deus, seja para vós todas, como se ela fosse escrita, de novo, a imagem à qual cada uma conformará sua virgindade". Em outro momento ele sustenta em termos vigorosos: "Aquele que nasce da Virgem, que come e bebe, que sofre e morre, não é um homem, mas o Deus Verbo. Por seus milagres, por sua morte e sua ressurreição, 'Cristo se faz conhecer como Deus e Filho de Deus'" (De Incarn. 18-19).

Para Santo Atanásio, Cristo é um "Deus que leva a carne" *(Theós sarkophóros)* e não um "homem portador de Deus" *(ánthropos theophóros)* (cf. C. arian. 8).

Santo Ambrósio retoma o texto de Santo Atanásio e também apresenta Maria como modelo de vida para as virgens. Ele lança a pergunta: "O que de mais nobre que a Mãe de Deus? O que de mais esplêndido que ser a escolhida pelo Esplendor?". Mas é Santo Agostinho, retomando uma longa tradição sobre a maternidade divina de Maria, que irá expô-la em termos bem precisos ao dizer que "Deus nasceu de uma mulher" (De Trin. VIII, 5, 7) e no comentário ao Salmo 101, ele declara:

> "Simeão, cheio do Espírito Santo, reconhece o Menino Deus nos braços da Mãe" (En. in Ps 101, I, 1). Nas bodas de Caná, ao comentar a transformação da água em vinho, o santo de Hipona declara, de modo breve e contundente: "Pois a Mãe exigia o milagre" (Trat. S. Jo., PL 35, 1455). São Gregório de Nazianzo também já tinha afirmado: "Se alguém pensa que santa Maria não é mãe de Deus, este está fora da divindade..." (Ep. 101, PG 37, 177).

No comentário ao símbolo da fé, "Jesus Cristo foi concebido pelo Espírito Santo, nasceu da Virgem Maria", Santo Agostinho comenta:

> "Está dito que ele nasceu do Espírito Santo e da Virgem Maria, por causa da santa concepção no seio de uma virgem, efetuada não pelo ardor da concupiscência carnal, mas pelo fervor da caridade proveniente da fé. O primeiro dos nomes mencionados, o Espírito Santo, corresponde não àquele que gera, mas ao que santifica. Em segundo, por sua vez, àquela que concebeu e deu à luz. Por isso foi dito: 'O Santo que nascer de ti será chamado Filho de Deus' (Lc 1,35). 'Santo', porque do Espírito Santo". "O que nascer de ti", logo, da Virgem Maria, será chamado "Filho de Deus". Portanto, "o Verbo se fez carne" (Jo 1,14). Em outro momento, Santo Agostinho destaca: "Na encarnação, a graça de Deus resplandece de maneira tão notável quanto evidente. (...) De onde pode vir à natureza humana tão grande glória, sem dúvida gratuita, pois nenhum mérito a precedeu, senão porque resplandece aí a inestimável e única graça de Deus? (...) "Os homens poderiam compreender, por aí, que são justificados de seus pecados por aquela mesma graça que fez com que Cristo-homem não tivesse pecado algum. Por esse motivo, o anjo, ao anunciar o próximo nascimento, saudou a Mãe, com estas palavras: 'Ave, cheia de graça'. E pouco depois: 'Encontraste graça diante de Deus" (Lc 1,28.30). Na verdade, é ela chamada "cheia de graça" e de "haver encontrado graça diante de Deus", porque devia ser a mãe de seu Senhor, ou melhor dito: do Senhor de todos nós" (Ench. XI, 36).

Somos, assim, conduzidos ao Concílio de Éfeso (431), em que se declara solenemente Maria *Theotókos*, Mãe de Deus. É bom destacarmos que o Concílio não tinha uma preocupação propriamente mariana, mas sim cristológica. Ele queria justamente responder aos nestorianos que dissociavam Deus e o homem na pessoa de Cristo. Eles negam a unidade de Cristo, o que nos conduz à questão: Se não foi o próprio Deus que nasceu, que morreu, que ressuscitou por nós em nossa humanidade, se fosse um homem, por mais extraordinário, como poderíamos ser salvos por ele? Só Deus salva e nos reconcilia com o Pai. O Concílio reagiu e estabeleceu a unidade do Filho de Deus e de Jesus Cristo, que assumiu pessoalmente a condição humana, da concepção ao nascimento e da Paixão à Morte. Afirma-se, pois a unidade do Cristo em suas duas naturezas: Ele é igualmente Filho de Deus e Filho de Maria: há um só Filho e Ele é verdadeiro Deus e verdadeiro homem. A maternidade de Maria refere-se à Pessoa de Jesus, que ela concebeu em seu seio virginal e Ele é pessoalmente Deus.

A definição do Concilio de Éfeso é fundamental para essa questão:

"Embora as naturezas (divina e humana) sejam diversas, elas se conjugam por uma união verdadeira e são para nós um só Cristo e Filho: a diferença das naturezas não é supressa pela união, mas a divindade e a humanidade distintas constituem, por inefável união em uma pessoa, um só Jesus Cristo para nós". E o Concílio precisa: "Não houve de início um homem qualquer vulgar, nascido da Virgem em quem o Verbo de Deus teria vindo (...). Por isso, os Santos Padres não temeram chamar a Santa Virgem de *Theotókos* (Mãe de Deus). Não que a natureza do Verbo e sua divindade tenham seu princípio da Santa Virgem, mas porque este santo Corpo, plenificado por uma alma inteligente, vem dela, e porque o Verbo de Deus, unido a esta humanidade segundo a hipóstase, foi dito nascido segundo a carne".

3. Maria, integralmente virgem

Ao citarmos Santo Atanásio, já tivemos a oportunidade de nos sentirmos profundamente tocados pela imagem traçada por ele da Virgem Maria. Ao apresentá-la como modelo para as virgens, ele as convida a se conhecerem graças a Maria, "como num espelho". "Maria era uma Virgem pura, uma alma equilibrada", afirma Santo Atanásio, que a seguir faz uma longa descrição da vida virginal de Maria. Este escrito inspirou, sem dúvida, Santo Ambrósio na composição de sua obra "Sobre as Virgens", onde ele descreve, com grande ardor e de uma das maneiras mais belas, a figura da Virgem Maria como força inspiradora para a orientação das virgens na cidade de Milão e seus arredores. Após falar das virtudes que ornam a vida virginal, ele declara:

"Tal é a imagem da virgindade, assim foi Maria de modo que esta vida única seja orientação para todos (...). Que variedade de virtudes brilha nesta Virgem santa: o segredo do pudor, o estandarte da fé, o amor da virtude, Virgem em sua casa, companheira para o ministério, Mãe no templo" (De Virginibus ad Marc., PL 16, 210).

Para Santo Ambrósio, a verdade sobre a virgindade de Maria *antes do parto* é evidente, pois a fé professada na Igreja de seu tempo tinha como tranquilo o dogma que afirmava que Maria tinha concebido Cristo virginalmente. E isto estava tão presente entre os fiéis que Santo Ambrósio, ao falar da Virgem Maria, simplesmente a designa como a Virgem, aliás, o que ocorre em quase todas as páginas de seus escritos. Variações como "Nascido de uma Virgem" se unem ao título dado a Maria de Bem-aventurada Virgem Maria e Santa Virgem Maria, este 16 vezes, embora ele prefira usar o título Virgem sem nenhum adjetivo. Podemos considerar que este fato testemunha a convicção de Santo Ambrósio de que o nome Virgem, sem nenhuma outra especificação, seria o único a designar de modo mais adequado Maria como modelo de todas as virgens. Mas para designar, de modo particular, a virgindade de Maria antes do parto, ele aduz o texto de Jo 1,13 como testemunho da Escritura a respeito da virgindade de Maria na geração de Jesus. Ele também citará numerosos outros textos, particularmente de São Lucas, sobre a virgindade de Maria, como por exemplo: "O anjo Gabriel foi enviado... a uma virgem desposada com um varão" (Lc 1,26).

No tocante à virgindade *durante o parto*, o texto de São Lucas 1,31: "Eis que conceberás e darás à luz um filho", é entendido por Santo Ambrósio como indicando a Virgem gerando o seu Filho (Ep. 42, 5). E para indicar sua perfeita integridade, ele acrescenta que Maria, sem nenhuma ajuda, envolveu o menino em faixas e o depositou na manjedoura (Contra Helvidius, 8). Essa mesma ideia já está presente em diversos outros escritos da metade do século II como os escritos apócrifos e o *Protoevangelium*, a *Ascensio Isaiae*, as *Odes de Salomão* etc.

Finalmente, temos a afirmação clara e ao mesmo tempo presente em toda a obra "De Virginibus" de Santo Ambrósio que apresenta a Virgindade perpétua de Maria e, portanto, sua virgindade *após o parto*. Ele irá basear esta sua afirmação na interpretação que faz dos textos bíblicos como Mt 1,18: "A origem de Jesus Cristo foi assim: Maria, sua mãe, comprometida em casamento com José, antes que coabitassem achou-se grávida pelo Espírito Santo" (Jo 2,4; Gl 4,4 etc.). Santo Ambrósio irá também, com grande beleza de estilo, descrever a virgindade perpétua de Maria por ser a que presidirá o coro das virgens nos céus (id. 1, 2, 17). Esta sua declaração é importante por estar, não simplesmente no "De Virginibus", mas também ao longo de seus outros escritos (Exp. Luc. 10, 22; De Vid. 4, 24 etc.).

Diante destas considerações, pode-se, de modo sistemático e também espiritualmente enriquecedor, explicitar a virgindade perpétua de Maria sob dois ângulos: um mais doutrinário, considerando os símbolos de fé que constituem, desde os primeiros séculos, as linhas fundamentais da doutrina cristã, e outro, em sua significação religiosa ou espiritual.

Proveniente da *Tradição Apostólica*, a profissão de fé, cuja primeira expressão encontra-se no rito batismal, mencionava formalmente a concepção virginal. Ao que desejava ser batizado, após toda a preparação catecumenal, perguntava-se, relata Santo Hipólito de Roma: "crês em Jesus Cristo, Filho de Deus, que nasceu do Espírito Santo e da Virgem Maria?" (II, 49). Tertuliano, na obra "De Baptismo", primeiro tratado completo sobre esse sacramento, sublinha o nascimento miraculoso de Jesus, com a ausência de pai humano e como efeito da ação direta de Deus. Pelo fato de ter nascido de uma Virgem, está se confirmando que Deus quer um começo absoluto, novo e irredutível. "Era necessário, diz ele, que nascesse de um modo novo aquele que seria o autor de um novo nascimento". É preciosa a consideração feita por Dídimo, quando lembra que a invocação do Espírito Santo pelo Bispo sobre a água provoca no batizado o novo nascimento no Espírito Santo, prolongamento da maternidade virginal de Maria (Trindade II, 13).

Se o símbolo dos Apóstolos afirma: "Ele foi concebido do Espírito Santo, nasceu da Virgem Maria", e o símbolo niceno-constantinopolitano professa: "Pelo Espírito Santo ele tomou carne da Virgem Maria", eles o fazem por uma razão cristológica. Santo Epifânio, no século IV, precisa a virgindade perpétua da Virgem, acrescentando no credo "sempre virgem": "Ele foi perfeitamente concebido de Maria, a sempre Virgem, por meio do Espírito Santo". A concepção virginal é, portanto, reconhecida como um dogma, não simplesmente por causa de Maria ou visando prestar uma homenagem à sua virgindade, mas quer, antes de tudo, definir o nascimento terrestre de Jesus como devido exclusivamente a uma intervenção direta do Criador. O que, como acabamos de ver, não diminui em nada a grandeza de Maria, reconhecida como sinal e realização do novo nascimento no Espírito Santo e, portanto, sinal da maternidade da Igreja, evocada nas primitivas inscrições batismais.

Se a afirmação dos Concílios é essencial, teremos, porém, discussões e algumas interpretações diversas como, por exemplo, entre os antimarianitas ou antimarianos por volta do século IV, combatidos por Santo Epifânio, São Jerônimo e Santo Ambrósio. Todavia, desenvolve-se igualmente um pensamento espiritual de grande riqueza, que não se atém a tais discussões, mas busca fazer emergir o sentido místico e teológico da virgindade perpétua de Maria. Realmente, sob o aspecto espiritual, na interpretação do texto de São Lucas sobre a Anunciação (1,28-38), a Virgem Maria é apresentada por Santo Agostinho como modelo para toda a Igreja:

> "Ela, virgem antes do matrimônio, virgem no matrimônio, virgem gestante, virgem lactante. Com efeito, de modo algum ao nascer o Filho Onipotente, arrebatou de sua mãe, por ele mesmo escolhida, a virgindade (...). Assim, pois, a santa Igreja, que também é virgem, celebra hoje o parto da Virgem. A ela, referem-se as palavras do Apóstolo: 'Desposei-vos a um esposo único, Cristo, a quem devo apresentar-vos

como virgem pura' (2Cor 11,2) (...). Onde estará essa 'virgindade pura', a não ser na integridade da fé, da esperança e da caridade? Eis porque Cristo, que haveria de fazer germinar a virgindade no coração de sua Igreja, antecipou-a no corpo de Maria" (Serm. 188, 4; cf. Serm. 191, 4).

Em Maria, é a própria humanidade que acolhe livremente o dom de Deus. Assim, ao se afirmar a concepção virginal, não apenas se declara que a vida terrestre de Jesus é devida só a Deus e não ao homem, mas também se expressa a contribuição do homem à Encarnação. Esta contribuição consiste justamente na acolhida do dom que Deus lhe faz. A figura de Maria é sinal do dom que Deus nos faz e que nela se realiza. Ela também prefigura, pela acolhida deste dom, o modo como todos nós podemos participar do mistério da Encarnação e de como este mistério se realiza nos discípulos de Jesus e na Igreja.

A Virgindade em Maria resplandece e tem valor não simplesmente pela abstenção material, nem mesmo por marcar o domínio de si, mas principalmente porque é consagração a Deus. É integral doação a Deus e, porque a Deus, também aos irmãos. Por isso exclama Santo Agostinho, numa de suas mais belas expressões:

> "Maria é honrada, não porque é virgem, mas porque é devotada a Deus", e mais adiante dirá: "Sua maternidade não teria servido de nada a Maria, se não tivesse, com maior alegria, gerado o Cristo em seu coração" (Virg. Cons. III).

4. Santidade de Maria, Mãe de Jesus e da Igreja

Desde as origens se reconhece a santidade de Maria, apesar de algumas considerações negativas de Orígenes, em seu comentário sobre a Paixão de Jesus. "No tempo da Paixão, todos os Apóstolos se escandalizaram (Mt 26,31ss). Pedro o negou. Se todos os Apóstolos se escandalizaram, por que iríamos crer que a Mãe do Senhor fosse isenta do escândalo? Se ela, acrescenta ele, não sofreu o escândalo na Paixão do Senhor, Jesus não morreu por seus pecados" (Hom. sobre Lc 17, 6-8). Entendemos esta sua interpretação, quando o situamos no contexto neoplatônico da época, em que se via a carne como algo negativo. Nesse mesmo sentido, ele fala de Jesus como "impuro por sua própria vontade, pois assumiu um corpo humano para nossa salvação" (In Luc 14, 3). Ele tem diante de si o texto de São Paulo aos Coríntios: "Aquele que não conheceu o pecado, Deus o fez pecado por nós, para que nele nós nos tornássemos justiça de Deus" (2Cor 5,21).

Por outro lado, Orígenes nunca deixou de exaltar as belezas de Maria, quando no mesmo contexto, ele destaca que "desde que ela recebeu o Espírito Santo (Lc 1,35) criador do corpo do Senhor, e que o Filho de Deus começou a existir nela, Maria foi repleta do Espírito Santo" (ib.). E no comentário ao Evangelho de São João, que ele considera "as primícias dos Evangelhos", destaca que "ninguém pode compreendê-lo a não ser que repouse no peito de Jesus e se não tiver recebido de Jesus Maria por Mãe" (Com. Ev. S. Jo. preâmbulo n. 6). Sobre a virgindade perpétua de Maria, é-nos conhecida a sua exclamação:

> "Ainda hoje Jesus, como a João, está dizendo a cada um de nós, eis tua Mãe", pois "em João estão representados todos nos quais Cristo vive, a quem ela devotava todo seu amor materno" (cf. Com. Ev. S. Jo.1, 3, 23).

Quem irá destacar de modo todo especial a santidade de Maria será Santo Agostinho. Diante da ironia, por assim dizer, de Pelágio, o qual não acreditava que todos os homens fossem pecadores, e lança a questão sobre o fato de que "é necessário segundo a piedade reconhecer que Maria é sem pecado", Santo Agostinho afirma esta verdade, mas como uma exceção única, e fruto da graça divina. Ele irá denominar, contra os maniqueus, Maria como a dignidade da terra *(dignitas terrae)*, pois ela é o que de mais digno, belo e puro pode este mundo oferecer a Deus (De Gen. ad manichaeos II, 24, 37). Ao se referir à "Cheia de Graça", ele atribui à Virgem uma santidade supereminente, que supera a de todos os santos, pois sabemos, diz ele, "que lhe foram conferidas todas as graças, para vencer o pecado de todas as partes, ela que mereceu conceber e gerar Aquele no qual o pecado não teve lugar" (*De natura et gratia*, 42). Ela é, no dizer dos orientais, *panaghia*, toda santa, toda de Deus.

Diante do ataque dos semipelagianos que, em vista de sua exposição sobre a universalidade do pecado de origem, acusam-no de "entregar Maria ao demônio, atribuindo-lhe o pecado de origem", Santo Agostinho responde:

> "Não coloquemos Maria no domínio do diabo por força de seu nascimento, pois esta condição mesma (o pecado de origem) é sanada pela graça do renascimento (...)" (Op. Imperfectum in Julianum, 4, 122).

Essa resposta de Santo Agostinho será interpretada, posteriormente, por alguns teólogos contra a opinião de muitos outros, como tendo Maria necessidade da graça do "renascer". A Tradição, em geral, vai compreendê-la como contendo a afirmação teológica de que Maria foi, como claramente declara o texto, redimida por Cristo, mas também implicitamente de que ela é isenta do pecado original por graça preventiva de Cristo, ou, como mais tarde se dirá, em previsão dos méritos de Jesus.

Nós podemos certamente dizer que toda a santificação sacramental da Igreja, a vida de santidade do povo eleito de Deus, resgatado por Jesus, está prefigurada na vida de sua Mãe. Na reflexão dos Santos Padres, situando Maria no interior do mistério redentor de Jesus, o Filho de Deus, ela é santa por se encontrar nos planos eternos do Pai como a Mãe do seu Filho. Escreve São Leão Magno:

> "O princípio de fecundidade que Cristo encontrou no seio da Virgem comunicou-o às águas do batismo. Deu à água o que havia dado à sua Mãe: *dedit aquae, quod dedit matri*" (Serm, XXV, 4).

Maria é, portanto, sinal da ação eficaz de Deus no interior da Igreja, tornando presente no mundo e de modo particular na Igreja a santidade divina. Somos assim levados, poderíamos concluir, ao reconhecimento da Virgem como a Medianeira de todas as graças. De fato são abundantes os textos de Santo Agostinho que falam das núpcias de Cristo com a Igreja, iniciadas no seio de Maria (cf. Conf. IV, 12, 19; En. in Ps. 18, III, 6 etc.). Ela é aquela que creu, e nesta fé ela torna presente todos os que creem em Jesus, os que existiram antes de sua vinda, cujas vidas estavam orientadas para ele, como também os que haveriam de vir. Todos se encontram no coração materno de Maria. Ela é a Mãe de Deus, nossa Mãe.

5. Considerações finais: Assunção e presença de Maria na piedade da Igreja

Ao longo de nossa exposição, encontramos textos e reflexões que nos oferecem elementos preciosos para podermos compreender os desdobramentos posteriores da mariologia. Maria é figura, mais que figura, é o protótipo de nossa vida cristã. Tal compreensão nos conduz a reconhecer que ela não só é sinal da vida cristã, como os sinais do Antigo Testamento prefigurando a Nova Aliança, mas ela, sendo sempre criatura, realiza a vida cristã de modo perfeito. No interior do mistério salvador de seu Filho, ela se situa, no dizer de Santo Irineu, "*consequenter*", como necessidade providencial, pois dela nasceu o Redentor e ela está intimamente ligada à sua obra redentora. Santo Agostinho dirá:

> "Foi no seio da Virgem Maria que o Filho Unigênito de Deus, dignou-se unir-se à natureza humana, para associar-se, ele, Cabeça imaculada, à Igreja, também imaculada" (Serm. 191, 3). Não menos conhecido é o comentário que faz do anúncio do Anjo à Virgem, que "significa, segundo ele, que do Espírito Santo e da Virgem Maria devia nascer a Igreja". E mais adiante acrescenta: "Dessa forma, assim como quando, ao nascer, sai de um seio fechado, assim também, quando adulto, já ressuscitado, haverá de entrar no cenáculo, através de portas fechadas. Essas coisas todas são maravilhosas por serem divinas. Inefáveis, por serem inescrutáveis. A boca do homem não é capaz de explicá-las, porque tampouco está apto a investigá-las. Ma-

ria acreditou e realizou-se nela aquilo em que acreditou. Creiamos, também nós, para que em nós possa igualmente realizar-se o que nela se realizou" (Serm. 215, 4; cf. In 1Jo. 1, 2 e VIII, 4).

Neste sentido, poderíamos dizer que os Santos Padres já antecipam e nos oferecem a base para que mais tarde consideremos Maria como Mãe da Igreja. Eles estão conscientes do poder de intercessão desta Igreja materna e desta Mãe eclesial.

Igualmente são preciosos, ao se lerem os textos que comentam Maria como "cheia de graça" e que reconhecem a santidade da Mãe de Deus, os dados que nos levam à afirmativa da Imaculada Conceição. De suma importância são, por exemplo, as palavras de Santo Agostinho, às quais nos referimos ao falar da santidade de Maria, sobretudo, sua resposta aos semipelagianos. Esta convicção do santo bispo de Hipona é preparada por Santo Irineu ao apresentar-nos a necessidade providencial de uma nova Eva, mas superando-a, pois se Eva pela desobediência afastou-se de Deus, "Maria recebeu a boa-nova pela boca de um anjo e trouxe Deus em seu seio, obedecendo a sua palavra". É uma nova ordem que se estabelece. A Mãe de Jesus é o modelo e a primeira realização do mistério de salvação do seu Filho, previstos pelos planos do Pai, desde toda a eternidade, preservando-a do pecado original em vista dos méritos de Jesus Cristo.

Após tais considerações, queremos fazer alguns acenos ao que se refere à Assunção de Maria e à sua presença na piedade e na vida litúrgica da Igreja.

No século IV, começa-se a celebrar o dia do nascimento de Maria no céu: "*dies natalis*" de Maria. Logo será chamado "Dormida" *(Dormitio)*, "Assunção" *(Assumptio)* da Virgem. Mas já nos Apócrifos, datados dos séculos II e III e mesmo anteriormente, o corpo de Maria é colocado sob a árvore da vida e o autor do *Testamento de Salomão* faz o demônio profetizar que será derrotado, somente quando "o Filho de Deus for estendido sobre o lenho, e cuja mãe não se misturar aos homens" (PG 122,1337s).

No século VI, com Theoteknos bispo de Lívias, já está presente a afirmação da Assunção de Maria aos céus. Escreve ele:

> "Fazia-se necessário que seu corpo santíssimo, este corpo *theophórico*, receptáculo de Deus, divinizado, incorruptível, iluminado pela luz divina e cheio de glória, fosse transportado pelos apóstolos em companhia dos anjos, e confiado por pouco tempo à terra, e elevado ao céu em glória, com a alma agradável a Deus".

Por volta do ano 650, provinda do Oriente, chega ao Ocidente a oração denominada "Veneranda", que exprimia o louvor à festa da Assunção, declarando:

> "Devemos venerar, ó Senhor, o dia desta festa em que a Santa Mãe de Deus sujeita à morte temporal, mas sem poder estar prisioneira dos laços da morte, ela que gerou

teu Filho Jesus Cristo, Nosso Senhor encarnado. Por sua intercessão nós te pedimos livrar-nos da morte das almas, pelo mesmo Nosso Senhor".

No entanto, já no século IV, encontramos o belo testemunho de Timóteo de Jerusalém, que afirma que Maria não conheceu a morte. "A Virgem é, até estes dias", declara ele, "imortal". O princípio encontra-se, como bem comenta Orígenes, na saudação do anjo a Maria: "alegra-te" e "cheia de graça". Escreve o autor alexandrino:

> "Pois o anjo saudou Maria com expressões novas, que jamais foram encontradas na Escritura, é necessário dizer que não há nada como tal. Não recordo, de fato, ter lido em qualquer outro lugar da Sagrada Escritura as palavras: 'alegra-te' ou 'cheia de graça'. Nem tais expressões foram dirigidas a uma pessoa: só a Maria foi reservada tal saudação especial" (PG 13, 1815s).

Indo um pouco além, em concordância com Orígenes, podemos concluir que a expressão "cheia de graça" no particípio perfeito passado, como ele mesmo acentua, permite-nos compreender a origem da existência de Maria. Constitui assim base para a afirmação da Imaculada Conceição, como também de sua Assunção, segundo considerações de São Leão Magno. Terminamos com um texto atribuído a Santo Agostinho, tirado do tratado sobre a Assunção de Maria de Orígenes:

> "Que opróbrio não se apresenta para a condição humana o túmulo com a sua podridão! Jesus, isento desse opróbrio universal, também dele isentou a Santa Virgem, porque a carne de Jesus é a de Maria. Se Maria foi tão justamente ornada durante toda a sua vida com graças, mais abundantemente do que todas as outras pessoas, após a sua morte, a intensidade dessas graças haveria de diminuir? Por certo que não". E o texto acrescenta: "Pois se a morte de todos os santos é preciosa, a de Maria, certamente, é mais preciosa ainda. Ela, que pôde ser chamada Mãe de Deus e que o foi de fato. Era justo ficar isenta de corrupção aquela que fora inundada com tantas graças. Deveria viver, toda inteira, aquela que gerou a Vida perfeita e completa de todos os humanos. Que ela esteja com aquele a quem trouxe no seio: que esteja junto àquele que pôs no mundo, a quem aqueceu e nutriu. Maria, a mãe de Deus, a alma de Deus, o reino de Deus, a imitadora de Deus" (P.L. XL, 1141-1148).

A título de conclusão, gostaríamos de destacar a figura de Maria na piedade e na vida litúrgica da Igreja. A esse respeito, lembraríamos, tão unicamente, que desde o século IV, os cristãos em suas orações se dirigem a Maria. São Gregório de Nissa, falecido por volta de 379, tece belíssimas considerações a respeito da saudação do anjo: "Alegra-te" (Lc 1,28). Aliás, considerações essas retomadas pelos autores gregos, que a desenvolvem em louvor e ação de graças. Encontramos aí justamente a origem do nosso "Ave Maria, cheia de graça", compreendido pelos padres gregos no sentido da palavra: "alegra-te".

É, porém, na liturgia da oitava do Natal, que os comentaristas gregos retomam o *Evangelho da Anunciação* e elevam louvores à Virgem Maria. Muito conhecida é a oração, considerada a mais antiga, atribuída a São Gregório de Nissa e pronunciada pelos anos 377 e 378. O autor, numa visão profundamente mística, declara:

> "Dizemos em alta voz, segundo as palavras do anjo:
> 'Alegra-te, cheia de graça, o Senhor é contigo' (...).
> de ti nasceu aquele que é perfeito em dignidade,
> em quem reside a plenitude da divindade.
> Alegra-te, cheia de graça, o Senhor é contigo:
> com a serva (Lc 1,38), o rei:
> com a Imaculada, aquele que santifica o universo;
> com a Bela, o mais belo dos filhos dos homens,
> para salvar o homem feito à sua imagem".

E ao pregar sobre o Evangelho da Visitação, retoma também em forma de prece a palavra de Isabel: "Tu és bendita entre as mulheres":

> "Tu és bendita entre as mulheres (Lc 1,43)
> porque entre todas as virgens, tu foste escolhida,
> porque foste julgada digna de abrigar um tal Senhor.
> Porque tu acolheste Aquele que plenifica tudo (...)
> porque te tornaste o tesouro da pérola espiritual" (PG 62, 766).

Terminamos suplicando a intercessão de Maria, Mãe de Jesus, cuja obediência anula a desobediência de Eva; Mãe de Deus, que nos comunica em Jesus a vida verdadeira na morte; Mãe da Igreja, Santíssima Virgem, sinal de Santidade. Ó Maria, rogai por nós na glória dos céus, vós que acolhestes Aquele que tudo plenifica e vos tornastes tesouro da Pérola espiritual. Amém.

Autores Citados e Siglas

Santo Agostinho:
De Civ. Dei — *A Cidade de Deus*
En. in Ps. — *Comentário aos salmos*
Serm. — *Sermões*
Conf. — *Confissões*
Ench. — *Enchiridion* — escrito doutrinário sobre a fé, esperança e caridade
Com. Ev. S. Jo. — *Tratado do Evangelho de São João*
Virg. Cons. — *Escrito sobre a virgindade*
De Trin. — *Tratado sobre a Santíssima Trindade*
De Gen. ad Manichaeos — *Sobre o Gênesis (contra os maniqueus)*
De agone christiano — Sobre o combate do cristão
De natura et gratia — A natureza e a graça
Op. Imperfectum in Julianum — Contra Julianum opus imperfectum

Santo Ambrósio:
De Virginibus ad Marc. — *Escrito sobre as virgens dirigido à irmã Marcelina*
Exp. Luc. — *Comentário do Evangelho de São Lucas*
De Vid. — *De viduis*

Santo Atanásio:
Or. contra arianos — *Resposta aos arianos defendendo a divindade de Jesus Cristo*
De incarn. — *Escrito sobre a encarnação*
C. arian. — *Apologia contra os arianos*
Vida de Santo Antão

São Basílio Magno:
Hom. — Homilia "Deus não é autor do mal"

Carta da comunidade de Viena e Lyon

São Cipriano:
De Or. Dom. — *Sobre o Pai Nosso*
De Unit. — *Sobre a unidade da Igreja*
Ep. — Epístola

Clemente de Alexandria:
Prot. — *Exortação aos gentios*
Paed. — *O pedagogo*
Strom. — *As Seleções (Stromata)*

São Clemente de Roma:
Carta aos Coríntios

C.S.E.L. — *Corpus scriptorum ecclesiasticorum latinorum*

Dídimo o cego:
Trindade — "Sobre a Trindade" considerada sua obra principal.

Eusébio de Cesareia:
Eus. H.E. — *História Eclesiástica*

São Gregório de Nazianzo:
Ep. — *Epístola*

São Gregório de Nissa:
Or. Catech. Magna — *A Grande catequese* — Importante obra dogmática
Com. Cant. dos Cant. — *Comentário ao Cântico dos cânticos*
As Bem-aven. — *Comentário sobre as bem-aventuranças*
Comentário aos Filipenses

Santo Hilário de Poitiers:
De Trinitate — S. Trindade

Hipólito de Roma:
Trad. Apost. — *Tradição Apostólica*

Santo Inácio de Antioquia:
Aos Rom. — *Carta aos romanos*
Aos Efe. — *Carta aos efésios*
Aos Tral. — *Carta aos tralianos*
Aos Esm. — *Carta aos esmirniotas*
Aos Magn. — *Carta aos magnésios*
Aos Fil.. — *Carta aos filadelfienses*
A Pol. — *Carta a Policarpo*

Santo Irineu:
Adv. Haer. — *Contra as Heresias*
Epid. — *Epideixis — Demonstração da pregação apostólica*

São Jerônimo:
Ep. ad Eustochium — Epístola a Eustóquio para encorajá-lo na leitura da Bíblia.

São João Crisóstomo:
Com. Ev. S. Mt., Hom. — *Comentário sobre o Evangelho de São Mateus, homilias*
Com. Ep. aos Rm — *Comentário sobre a Epístola aos Romanos*
Serm. — *Sermões*
Hom. in 1Cor — *Homilia sobre a primeira carta aos Coríntios*

São Justino mártir:
1Apol. — *Primeira Apologia*
2Apol. — *Segunda Apologia*
Diál. — *Diálogo com Trifão*
De Res. — *De Ressurrectione*

Orígenes:
Com. Ev. S. Jo. — *Comentário sobre o Evangelho de São João*
Com. in Gen 1,5 — *Homilia sobre o Gênesis*
Hom. Lev. — *Homilia sobre o Levítico*
Hom. sobre Lc — Homilia sobre o Evangelho de S. Lucas
P.G. — *Patrologia Graeca* do Migne
P.L. — *Patrologia Latina* do Migne

São Policarpo:
Mart. de São Policarpo — Martírio de São Policarpo, bispo de Esmirna

Teófilo de Antioquia:
Autol. — *A Autólico*

Tertuliano:
De praescr. haer. — *Prescrição contra os hereges*
Apol. — *Apologeticum — Apologia fundada em argumentos jurídicos*
De pud. — *Sobre a pudicícia* — do período montanista
Ad Mart. — *Aos mártires* — período católico, consolando os cristãos encarcerados
De corona — Sobre a participação dos cristãos no serviço militar
De anima — Um dos seus mais extensos escritos. Pertence à literatura anti-herética
De baptismo — Primeiro tratado completo sobre o sacramento do batismo

Créditos das fotos:

- 15: Chave para a porta do céu / por Duncan Walker / Getty Images
- 19: Dreamstime
- 27: Igreja de Maria Madalena, Jerusalém / por Dave Stamboulis / Getty Images
- 33: Igreja de São Salvador em Chora / por David Madison / Getty Images
- 37: Virgem Maria e os doze Apóstolos / por G. Dagli Orti / Getty Images
- 45: Basílica de São Pedro, Vaticano / por Mel Curtis / Getty Images
- 51: Praça de São Pedro, Vaticano / por Buena Vista Imagens / Getty Images
- 59: Cálice / por Steve Allen / Getty Images
- 69: Basílica em Istambul, Turquia / por Cristian Baitg / Getty Images
- 77: Martorana, Palermo, Sicília / por Robert Harding / Getty Images
- 97: Capela Palatina, Palermo, Sicília / por Guiziou Franck / Getty Images
- 119: Basílica de São Paulo / Getty Images
- 127: Catedral de Nossa Senhora de St. Philip, Inglaterra / por Neil Overy / Getty Images
- 139: Basílica de San Vitale, Ravenna / por David Madison / Getty Images
- 145: Dreamstime
- 153: Vaticano / Getty Images
- 159: Pietá, Basílica de São Pedro, Roma / por Heather Perry / Getty Images
- 167: Dreamstime
- 173: Dreamstime
- 177: Praça de São Pedro, Vaticano / por Devgnor / Getty Images
- 183: Ostensório / por Ray Massey / Getty Images
- 193: Catedral em Astorga, Espanha / Luis Castaneda / Getty Images
- 205: Virgem Maria e o Menino Jesus / Steve Allen / Getty Images

O Amanhecer da Igreja
foi impresso em São Paulo/SP pela Gráfica Araguaia,
para a Editora Larousse em agosto de 2012.